U0927788

CONSCIOUS THINKING

有意识的思考

轻松化解问题的
7个思考习惯

王涛◎著

企业管理出版社
EMPH ENTERPRISE MANAGEMENT PUBLISHING HOUSE

图书在版编目（CIP）数据

有意识的思考：轻松化解问题的7个思考习惯/王涛著.—北京：企业管理出版社，2018.9
ISBN 978-7-5164-1774-4

Ⅰ.①有… Ⅱ.①王… Ⅲ.①思维方法 Ⅳ.①B80

中国版本图书馆CIP数据核字（2018）第200963号

书　　名：有意识的思考：轻松化解问题的7个思考习惯
作　　者：王　涛
责任编辑：张　平　程静涵
书　　号：ISBN 978-7-5164-1774-4
出版发行：企业管理出版社
地　　址：北京市海淀区紫竹院南路17号　邮编：100048
网　　址：http：//www.emph.cn
电　　话：编辑部（010）68701638　发行部（010）68701816
电子信箱：qyglcbs@emph.cn
印　　刷：北京旭丰源印刷技术有限公司
经　　销：新华书店
规　　格：145毫米×210毫米　32开本　8.125印张　168千字
版　　次：2018年9月第1版　2018年9月第1次印刷
定　　价：78.00元

献给那些认真、正直和诚实生活着的人们！

我们在此书中将要探讨的并不是外在的观点和知识，更不是这些观点和知识的正确与否、正义与否，而是我们头脑中的思考过程，即**探讨我们头脑中的观点和感受是如何形成的。**

我们将要深入到思考的内部，来看看思考运作的过程和本质，这就是本书的重点所在。

我们不是出于兴趣而讨论思考的问题，生活和工作中的问题和挑战给我们带来了压力，我们迫切地需要改变和摆脱它们，在我们的内心深处，一直在焦虑地寻找解决方法。在生活和工作的人际关系中，观察头脑中的思想活动，同时，观察的结果可以帮助我们不断改善自己的思考方式和思考习惯，从而使我们有能力化解生活和工作中出现的各种问题和挑战。

在某一天的某一个瞬间，也许是在与某人谈话时，也许是在路上行走时，也许是在吃饭时，我们是否突然看到了自己当时的思考过程呢？我们是否被自己的思考吓一跳，原来我们的思考方式和思考习惯是如此的扭曲。

不过，这是一个好消息，我们看见了真理之光。

如果想深入到思考的内部只有一个方法，即对自己内心活动、思考过程的观察，而关键是进行纯粹的观察。纯粹的观察是指在观察自己的内心活动和思考过程时，不带有任何的判断和评价，而只是看到它们。纯粹的观察是不易做到的，有时我们只能意识到我们什么时候没有进行纯粹的观察，这就是纯粹的观察开始。

我们共同探索：

头脑中的每一个思考活动是如何进行的呢？

思考过程的每一个环节是什么？

什么是产生某个观点的根源？

我们的头脑中装着哪些固有的观念？

我们是否看到了产生某个观点的最底层原因？

我们是否看到了原来以为不是观念的观念了？

在纯粹的观察之下，思考不再是我们头脑中不被看到的制高点，它被纯粹的观察看到了，因此，它就有了被改善的机会。

另外，当我们真的深入到思考的内部以后，就会发现：正确、有效的思考方式和思考习惯，必须依赖于人们美好的品德，比如，纯真、正直、诚实、热忱、勇气等。反之，美好的品德会帮助我们建立起正确、有效的思考方式和思考习惯。

难道我们没有发现过，在自己的头脑中经常进行自我欺骗的思考游戏吗？欺骗自己难道不是不诚实的表现吗？

因此，我们也试图观察这些美德与思考之间的关系。具备了这些美德不是为了别人，首先是为了我们自己。

也许我们会认为，假如我们的问题是正确的，那么就必然会提出一个解决问题的方法。

我们是否想过，解决问题的方法就能解决我们的问题吗？

我们知道解决方法后就能按照解决方法去做吗？

不要很快地得出结论，我们只要回顾平时的做法就知道了。因此，在本书中，我们并不是在讨论解决方案，当然也没有给出一个明确的解决方法，而是试图在字里行间、在大家阅读的过程中，对问题进行共同的思考。

最后，有一个阅读方式的建议：一边阅读，一边观察自己的内心。也就是说，在读到文字的同时，将文字的含义对照自己的内心活动。这种阅读方式的核心是不用逻辑思维去理解文字的含义，而是以自己的内心活动为实践去观察。

不管是在生活中，还是在工作中，我们都希望减少争执和冲突，多一些和谐与共识，这是多么令人向往的幸福生活啊！

那么，就让我们带着这样的问题展开思考的内部之旅吧！

走向思考的内部

一

这几天，上海迎来了 2018 年的第一场雪，突然到来的寒冷似乎将人们的思维也冻住了，大家在路上的行动变得有些迟缓，头脑反应也慢了许多。穿行在雪花纷飞的路上，我们每个人的头脑中是否增加了这样的想法：“一定要慢行，注意安全。”如果有这个想法，我们是否意识到这个想法的存在呢？头脑中缺乏这个想法，也许容易发生交通事故，而意识不到这个想法的存在意味着什么？

在大雪和寒冷的天气下，人们为什么不能尽量减少一些不必要的户外活动呢？

显然，为了生活奔波是必要的，是不得已的。

但是，由我们头脑中的思想创造出来的各种必要的活动真的是必要的吗？

这些事情到底真的是必要的呢，还是这个必要性只是我们的一个想法呢？

如果只是我们头脑中的一个想法，那么它还有多大的力量支配我们的行为呢？

问题在于，我们是否意识到它只是头脑中的一个想法。

我们不能像蛇一样“冬眠”，但是可以“冬藏”，我们可以减少甚至停止自己的思想活动，冬天不正是深入体会“内心平静”的最佳时机吗？

不过，只要我们的思维没有被寒冷冻住而停止，那么大家对此必然会有不同的意见。是否真的要做到“冬藏”，以及什么才是所谓的“冬藏”，这是由每一个人的看法决定的。如果在看到这里时，随即在头脑中出现了自己的看法，不管是否说出来，这不正是表明我们的思想处于“冬藏”的对立面吗？即我们的思想是异常活跃的。

窗外的梧桐树叶子已经有一半开始微微泛黄了，而且这些叶子都失去了绝大部分的水分，变得干枯、紧缩、颜色暗淡，显然，它们回归大地的日期不远了。突如其来的寒冷必将加快它们走向死亡的步伐，可看着在寒风中摇曳的它们，分明是在向我点头致意，丝毫没有透露出即将离去的悲伤。它们为什么没有为自己的死亡而伤感呢？因为在梧桐树叶子的头脑中根本就没有“死亡”这个概念，或者，它们原本就没有像我们人类一样有会思考的头脑。

不过，梧桐树叶子们在想什么，以及它们是否有会思考的头脑，所有的结论都是我们自己的想法。那么，真相是什么呢？也许当我们停止了头脑中的一切思想活动时，会有新的、出乎意料的发现。因为只要我们的头脑有思想活动，那么，得出的一切结论都是自己的想法。

二

我们希望自己的思考像锋利、坚定的利剑一样，穿透一切假象、障碍、虚幻，直指问题的本身。但如果我们的思考像梧桐树叶一样摇摆不定，那么，我们的思考就会缺乏力量而变得软弱无力。

这些假象、障碍、虚幻是什么？

它们的本质是什么？

它们为什么会出现？

它们是从哪里冒出来的？

问题本身会怕被我们认识而故意制造出假象和障碍吗？显然不会。

因此，制造这些假象和障碍的不正是我们自己吗？

而且，它们不就是我们头脑中的各种思想吗？

在思想之外，就是我们追寻的问题本身。

为了使我们能够看到在生活和工作中遇到的各种问题的本

身，我们努力地磨砺“思考之剑”，锐利的思考使我们不被思想的假象和障碍蒙蔽。但是，如何使我们的“思考之剑”变得更加锐利呢？在我们的一生中，被迫或主动地学习各种知识，比如，宗教、哲学、心理学、逻辑学，以及各种专业性的知识，但是，用各种知识为材料的砥石磨砺出的“思考之剑”，真的能够刺透问题的各种障碍吗？

难道随着我们的知识砥石积累得越来越厚重，以及具有了“铁杵磨成针”的坚持不懈的精神之后，“思考之剑”就会无坚不摧吗？

如果“思考之剑”本身的材质出了问题呢？

如果“思考之剑”的材质与阻挡看到问题本身的假象、障碍、虚幻具有同样的本质呢？

如果“思考之剑”本身也是假象、障碍、虚幻的一部分呢？

这些问题的答案并不重要，重要的是我们是否曾经问过这些问题呢？

我们是否真的探索过这些问题呢？

我们探索的热情和渴望有多强烈呢？

当我们用“思考之剑”刺透了重重障碍，最后我们认为自己看到了问题的本质，但是，我们怎么知道那就是问题的本质呢？我们怎么能够确认我们刺透了所有的障碍呢？

假设我们很诚实认真，请仔细地想一想这个问题。当然，世界的样子就是我们所看到的，我们必然认为看到的就是问题的本质。但是，当我们与别人讨论这个问题时，别人也许并不认同我们的观点，因为他的“思考之剑”与我们的不同，他看到了与我们不同的东西，他当然也认为他看到了这个问题的本质。

那么，我们怎么知道到底是谁看到了这个问题的本质呢？还是大家都没有看到问题的本质呢？

同样的，对方怎么知道我们双方到底是谁看到了这个问题的本质呢？还是双方都没有看到问题的本质呢？

如果我们都习惯于关注各自的观点，而从来没有想到要看看自己的“思考之剑”，那么，两个人观点上的冲突就此开始了。

只要我们看不到自己的“思考之剑”的局限，双方在内心深处的冲突将会永远存在下去。

三

一只毛发黄白相间的花猫刚刚从窗外的小房子上走过去，它每天都从这里经过。它总是那么干净，一尘不染，黄白相间的毛发散发着光泽，与高高在上的梧桐树叶的干枯形成很大的反差。但是它从来没有看到过我，不知道它一旦看到我之后，是否还会每天从这里经过。我猜这只猫的年龄有些偏大，它走路时显得有些老态龙钟。它每次都是拖着肥肥的身体慢慢地走过，不像是在寻觅什么，而像是在思考着什么。

每次只是看到这只花猫独自走过，从来没有见过它的伴侣，以及它的孩子们。在猫的世界里，它的老年是否会是一个悲惨的经历呢？

它将是一种什么样的死亡呢？

它是不是在思考这个问题呢？

它感受到悲伤、孤独、凄惨了吗？

它感受到冬日的寒冷了吗？

抑或在它的内心世界里只有独立和寒冷的感受，但是它并不认为那就是孤独和寒冷呢？

显然，我经历过悲伤、孤独和寒冷，否则我怎么会猜测猫是否经历过这些呢？

我们谁也不愿意经历这些悲伤的感受，但是我们不愿意经历就能消除它们吗？

或者说，我们仅靠着意志就能够消除它们吗？

另外，我们从外在的人和事物方面寻求寄托能够消除它们吗？

如果以上这些方法可行，那么人类的悲伤将会减少很多。

我们要想彻底地从孤独、悲伤中解脱出来，首先要搞清楚一个问题，即这些悲伤、孤独是一种真实的客观存在的感情呢，还是我们人类的头脑创造出来的呢？

我们是无意和无奈地掉进了悲伤、孤独的魔掌之中了呢，还是我们的头脑本身就是那悲伤、孤独的制造者呢？

如果想得到正确的答案，我们只能像观察外部事物一样，观察自己的头脑，观察自己头脑中的各种思想、感受，观察它们全部的活动过程。但是，**千万不能带着任何的观点和判断进行观察，因为这些观点和判断同样是头脑中各种思想、感受的一部分，它们的本质是完全相同的。**

一个思想观察另外一个思想，这不是客观的观察。

我们能够随时地看到头脑中的思想吗？

我们能够看到头脑中的所有思想活动吗？

我们经常感到孤独，但是，为什么在拥挤不堪的人群中却有孤独感呢？

为什么会在亲情、爱情、友情等众多感情包围中感到孤独呢？

我们会说：他们不理解我、他们不认同我、他们在排斥我、他们不接受我、他们嫉妒我，等等。正是因为我们的观点得不到别人的认同，我们的情感得不到别人的接受，我们才备感孤独。

但是，如果我们只是将不被认同、不被理解的原因归咎到别人身上，就说明我们的眼光仍然是只盯着自己的观点和感受，从来没有质疑过自己的观点是否正确。同样的，也丝毫没有注意到自己的“思考之剑”是否锋利，也就是说，没有审视过自己的观点和感受是如何形成的。

如果我们将眼光从别人身上回归到自己的内在，那么我们就会想：

为什么别人不认同我们的观点呢？

为什么别人不理解我们的感受呢？

我们自己的观点是如何产生的呢？

这些观点就是绝对的正确吗？

我们是否像看别人的观点一样看自己的观点呢？

就在向自己的内心观察的这一刻，我们就不再认为自己的观点是真理，也不再认为自己的感受是正义的。不要马上说同意或不同意，答案是客观存在的，我们只有通过对自己的观察才能发现它。

此时，我们也就开始理解别人的观点和感受产生的背景、立场和局限。我们必然会变得更加包容，不仅是包容别人，也包容自己。我们没有苛责自己，只是在观察自己，在这种没有评判的观察中，宽容就出现了。因此，当我们与别人有了分歧时，不是与他人进行争论，而是向自己的内心探究自己的观点，**我们就会真的明白自己观点的局限性，以及别人观点的局限性，包容和宽容就会自然而然地成为我们具备的一个品格。**

一旦我们看到了问题的本质，就能够包容和宽容任何人的任何观点，从此不再与他人有分歧。因为问题本身就是客观存在的，它不是任何人的一个观点，它不存在于任何人的头脑中。我们知道了头脑中的思想和观点的荒谬性，它们本来就不是问题本身。

看来，“思考之剑”不能保证我们能够看到问题的本质，而对“思考之剑”的观察却是我们发现自己局限性的武器，不断发现自身局限的过程，就是在一步步地走向问题的本质。因此，观察自己心中的思想和感受，才是能够磨砺出金刚般的“思考之剑”的砥石，而不是各种各样的知识。知识反而是造成自身局限的根源，因为这些知识形成我们判断和评价别人对错的观点。当我们在判断和评价时，说明我们的内心将自己的观点当作评价和判断的标准，显然，这个标准的正确性是不言而喻的。

王 涛
2018 年 3 月

思考习惯一：让思考慢下来，越慢越好

思考习惯二：思考，要深挖一口井

思考习惯三：随时指出“这不是同一个问题”

思考习惯四：探索问题，请从未知开始

思考习惯五：寻找答案，请向内看

思考习惯六：不要用概念思考

思考习惯七：认识自己的认识

一位有效的决策者遇到问题，总是先假定该问题为“经常性质”。他总是先假定该问题是一种表面现象，另有根本性的问题存在。他要找出真正的问题，不会只满足于解决表面现象这类的问题。

即使问题确实是偶发性的，有经验的决策者也会怀疑这是不是另一项新的经常问题的首次出现。

——彼得·德鲁克　著《卓有成效的管理者》

摆脱内在的障碍就是自由，即能自由地思考了。真正的自由就是，认识事物的本质，不做任何带有快乐和痛苦的反应，这才是自由。自由就是认识现状，认识现状就是自由。

——J·克里希那穆提　著《静霭之心》

思考习惯一：让思考慢下来，越慢越好

一、请主动探索问题的整体

你是否认真地看过一个人的脸、头发、皮肤、眼睛、牙齿、眉毛，以及在那一刻他脸上的表情，不是长久的凝视，而是瞬间在一个人脸上看到所有的这一切。当然，你看到了，但是你是否在一瞬间看到那个人毫无油性而干枯的头发，以及从黑发中四处冒出的白发；他土黄色的脸上早已布满沧桑，皮肤干裂、没有弹性；他的眼睛木然呆滞、眼白干涩；他说话时面无表情，声音虚伪、不真实。

如果你的头脑是安静的，那么在一瞬间你会看到这一切。而且，你还会看到自己当时内心的感受。这个人看起来很年轻，但是，为什么他的脸上那么饱经风霜，他的内心必然也是沧桑的。他由于太忙、压力太大，而无暇关心自己的内心和外表，他将这样度过一生。我真的很同情他，我有想要帮助他的冲动。

就如在一瞬间看到一个人脸上所有的一切，以及自己当时的内心感受一样，我们是否看到过一个问题的全部呢？

我们是否看到过一个完整的问题呢？

我们是否意识到自己平时很少看到过一个问题的全部呢？

我们是否从来没有想过什么是一个完整的问题呢？

那么，我们在此为什么要提出这些问题呢？

假设有一头大象站在那里，然后来了四个盲人，他们从来没有见过大象，想摸一摸大象到底是什么样子？摸到大象耳朵的盲人说大象长得像扇子，摸到鼻子的盲人说大象长得像一条蛇，摸到身子的盲人说大象长得像一堵墙，摸到腿的盲人说大象长得像一根柱子。然后他们四个人开始辩论，到底谁说的才是大象真实的样子？这就是大家熟知的盲人摸象的寓言故事。

当我们看不到问题的整体时，难道不是像那四个盲人一样吗？

那四个盲人由于不能看到大象，只能通过手的触摸来了解大象的样子，但是，四个盲人为什么在摸到大象的一个部分后就停止了呢？

他们为什么不继续摸索了呢？

当然，这是此寓言创造者的安排。但是，我们在此问这几个问题的真正的目的是想引申出这个假设：**是不是因为在完全的黑暗中，他们会不由自主地养成一个习惯，即不管摸到了什么，就会马上在头脑中判断这是一个什么东西，从而忘了继续**

探索下去了呢？

因为一直处于完全的黑暗中，在盲人的意识中就很难存在整体和局部之分。也就是说，盲人并没有整体和局部的概念，对他们来说，既没有整体，也没有局部，或者说任何一个局部就是整体。所以，在他们的头脑中，就不存在探索整体的意识，他们认为摸到的就是摸到的那个东西，这个东西就是它自己，摸不到的东西对他们来说就是不存在的。如果没有人告诉盲人有关事物的整体和局部的概念，他们自己很难意识到。

难道我们在思考问题时的思维习惯不是跟四个盲人一样吗？假设我们生活在意识的黑暗中，也就是说，我们从来就不知道事物有整体和局部之分，在我们的头脑中从来没有区分整体和局部的意识，我们从来就没有寻找整体的意识，那么，我们在思考问题及与他人谈论问题时，也就会自然地想到哪里就说到哪里，每个人抓住局部，然后争论不休，而我们每个人却不知道我们只是站在各自局部的角落里。我们在意识混沌模糊的状态下思考和讨论问题，与盲人摸象有什么本质的不同呢？我想本质上是一样的。

我们会认真地思考，也会激烈地辩论，我们深信自己的观点是绝对正确的，我们深信自己看到的就是真理，就如四个盲人一样。但是，我们从来没有想到，也许自己看到的只是问题的局部，没有看到问题的整体。也就是说，没有看到真正的问题。

我们如此认真和坚持自己的观点，是因为我们深信自己的观点，而之所以我们如此深信自己的观点，就是因为我们从来

意识不到自己的观点可能只是问题的局部，也从来不知道自己的思维习惯受到这种模糊意识的影响而变得片面和偏执。总之，我们根本不知道应该主动去探索问题的整体。

当我们有了某个观点时，我们不会问自己：

我的观点是不是只是说明问题的一个部分呢？

我是不是应该再多看看、多问问、多想想，把问题的整体全部找到呢？

二、你想停止自己的思想吗

今天天气非常好，阳光灿烂，不过只过了一小会儿，天空突然布满了云彩，虽然只是白云，但是白云太密集了，它们几乎遮住了全部的天空，只能从它们的连接之处透出一点点的蓝天。因此，蓝色的晴空变为惨白的颜色，这是一种令人不舒服的白色。

窗外的梧桐树叶没有丝毫摇动，那些绿色的树叶在阳光下闪着亮光，而那些泛黄的树叶努力伸张着自己，好像要向四周打探着什么？

这些树叶是否知道自己是树枝和大树的一部分？

它们是否认为自己是完全独立的？

那些泛黄的树叶是否会感到自怜和嫉妒，因为它们注定要比其他树叶更早地死亡。而那些绿色的树叶是否会感到庆幸，因为它们的寿命更长一些，或者有些绿色的树叶在替那些泛黄的树叶感到伤心，并非常同情它们。

我将这些想法加诸在那些梧桐树叶身上后，它们会怎么样？

如果我停止了以上这些想法，如果我从来没有想过这些，那么，那些梧桐树叶又会怎么样？

也许树叶会说你在庸人自扰，但是，它们只是沉默，只是在寒风中静静伫立。这是美，真正的美。因为它们从来没有想过什么是“美”，什么是“丑”。

其实，本来是没有问题的，或者说，问题完全是一个虚幻的东西，并不是真实客观存在的，虽然我们每个人每天都能真实地感受到很多问题。问题只是人类的头脑中想象出来的，也就是说，**是我们人类的思想创造出问题，当我们对某个外在事物有了一个想法时，问题就会出现，在想法出现之前，问题是不存在的，但是那个外在事物是一直存在的。**

在治疗器材和药物出现之前，人们生病了，只是感觉身体不舒服，这种病是否会带来诸如死亡等严重后果，病人及其他人并不清楚，因此他们不会为此担忧，这不是问题。他们只会感到疼痛、难受，他们也不会寻找药物治疗，因此，也不存在需要解决疼痛的问题。

但是有了药物之后，人们就开始认为自己生病了，因为如果得到药物就有可能治好自己的病。那么，生病就变为人们的一个问题；另外，如果没有足够的钱买药，那么没钱又成为另外一个问题；如果子女不愿意付钱给老人治病，那么儿女不孝也成为一个问题。

而且，假设生病久了以后，病人开始在内心感到痛苦，他会想为什么他要如此受苦呢？

为什么别人没有得病呢？

还要忍受病痛多久呢？

如果这个病人见过其他人的死亡，他会在记忆中留下对死亡的恐惧，那么，在忍受病痛中的同时，他还会不时地产生对死亡的恐惧，对现有一切的不舍。这些不都是由于生病而产生的问题吗？这些问题不都是由思想产生的吗？其实，这不是所有的问题，由于生病而引起的问题可以继续往下延伸。

自古就有春夏秋冬，每到冬天，寒冷的北风和大雪给人们带来身体上的痛苦。但是，当人们想到：这天气太冷了，简直难以忍受了，如果能够暖和一些就好了。如何感到更暖和呢？

这些思想开始出现了，在人们忍受寒冬的同时，这些思想开始占据越来越多人的头脑，而且，这些思想变得越来越复杂，越来越深厚、牢固。这时，人们不仅要忍受寒冷，还增加了“为什么这么冷、如何能不冷呢”这些烦恼。

在这些思想的驱使下，人们开始学会加厚衣服保暖，燃火取暖，然后又发明了空调。人们的烦恼变得更多了，远远超出了感到寒冷这个感受或者烦恼本身。人们在有限的金钱和更保暖的衣服及更好的空调之间痛苦地生活着。而且，人们的欲望开始增长，我们不仅需要衣服保暖，还需要更漂亮的衣服，还需要能够代表自己身份的衣服；我们不仅需要空调，还需要更美观、噪声更小、更省电、更环保的空调。我们感到自己的金钱又不够了，烦恼更多了。

此时，我们早已忘记衣服和空调的原始功能。**此时，就会有欲望及欲望未被满足时的痛苦、欲望满足后的快乐、满足后又担心失去，以及永远不能满足的不断增长欲望的烦恼存在。而且，我们经常发现，一旦我们的欲望得到满足，那种满足后的快乐实在是太短暂了，我们想慢慢享受那种快乐，但是，就是抓不住它。我们的生活不就是在追逐欲望满足的过程中，周而复始地交织着痛苦与快乐吗？**

直到我们开始意识到，我们对衣服和空调无限制地追求造成对环境的破坏，使我们感受到更大的威胁，我们又开始出现焦虑和担心了。我们被迫又要想办法改善环境，通过提高技术水平改善衣服材料和空调结构，但是，新技术又会带来新的环境问题，我们又必须针对新技术开发更新的技术来保护环境。

我们真的忘记了，最初我们只是生活在寒冷中，也许会被冻死，但是，为了使自己更暖和一些，我们却生活在更大的其他的危机中，这些危机也会让我们死亡，即便没有危机，死亡本身就是一个早晚要来、躲不过的危机。

我们既不反对药物和治疗，也不反对科技进步给人们生活带来的益处。但是，当这些都是为了满足个人的私欲时，或者说，当某个人只为了满足自己的欲望而开发药物和新技术时，我们的世界就会充满冲突和危机。

此时此刻，我们感受到了吗？我们看到了吗？

我们是否真切地认识到，导致世界充满冲突和危机的原因，正是我们自己。

让我们想一想，当我们为了整体人类的利益而开发药物和新技术时，不是口号，而是发自真心的，世界会变成什么样子？

虽然问题并不是真实的存在，不过是我们思想的产物，但是，思想一刻不停止，问题就会一直存在，那么，我们就必须想方设法解决问题，用我们的“思考之剑”解决问题。

停止思想是解决所有问题最彻底的方法，但是思想是不会自动停止的，想停止自己的思想也是思想之一。

你想停止自己的思想吗？你既不能回答“想”，也不能回答“不想”，因为“想”和“不想”都是思想之一。当你突然想到刚才我是不是停止了思想时，此时你的思想又开始运作，因为当你停止思想时，你是无法知道自己已经停止了思想。

如何停止思想呢？

这个问题不能问，也不能通过努力停止思想，如果我们非要问，那么只能先问自己一个问题：谁在问刚才那个问题？

也许就在你欣赏路边的一朵花时，感受从脸上刮过的寒风时，在飞机上你出神地看着舷窗外的白云时，在你认真地看这些文字或者其他文字时，突然体验到思想停止后头脑处于一种什么状态。一旦思想停止了，我们就不会再问如何停止思想，也不会再问如何解决各种问题，因为所有的问题都随着思想的停止而消失了。

我们在此需要认真讨论的是：当思想还在运作时，**如何用**

思想的武器解决思想自己创造的问题呢？

我们所说的问题是指这样一种状态，我们以一个假设的例子讨论。假设你早晨上班刚刚走进办公室，看到你的两个同事在交头接耳地谈论着什么，但是你听不清楚他们说的话。然后你在头脑中就会想："他们在说什么呢？是不是与我有关呢？是不是在说我的坏话呢？"过了一会儿，你的两个同事过来告诉你，原来他们刚才谈论的是你们要换老板了。

在你进入办公室之后，实际上你给自己增加了两个问题：

第一，你在猜疑那两个同事在嘀咕什么；

第二，你们马上要换老板了，这也许会影响大家未来的工作，因此，每个人心里还是有些前途未卜的忐忑不安的感觉。

第一个问题是你在头脑中独立思考的，第二个问题是你与大家互相讨论的，大家聚在一起希望分析新老板的情况及对大家的影响。显然，当你走进办公室之前，第一个问题对你来说不存在，因为你还没看到同事在交头接耳。在你的同事将他们讨论的事情告诉你之前，第二个问题对你来说也不存在。

但是，当你看到同事交头接耳及同事告诉你要换老板的那一刻，你的头脑意识到这两个问题，然后这两个问题也就产生了，这就是我们要讨论问题的含义。这些问题都是我们在日常生活和工作中最常见的问题，这些问题几乎在我们清醒时的每一个瞬间都存在，它们存在于每一个思想的片段。

比如，上个月的销售任务没有完成，我喜欢的人不喜欢我，今天上班迟到了，孩子不听话，产品包装的颜色太暗淡了，晚上吃什么，明天上班穿哪件衣服，老板不喜欢我，我感到寂寞，我是否要违背自己的道德底线去做那件事情，我觉得失去了目标，我觉得重复的生活让我厌烦，我想读 MBA，我想换工作等。

三、向内心感受学习

每天早晨7：50左右，窗外就传来小鸟的鸣叫声，我敢肯定每天鸣叫的是同一只小鸟，我从来没有见过它，但是我能够分辨出它的声音，就如人的声音一样，每只小鸟的叫声也是不同的。它的叫声就如在纸上画一条直线，总是从一个点开始，然后在线段的终点停止，它不停地叫着，不停地画着线段。你没有听过它的叫声，它唱出的线段就如优美乐曲的五线谱，你为什么不抽空听听呢？不是来听我窗外的那只小鸟的歌唱，如果你的内心是美的，那么，你听到的任何声音都是优美的。

这只小鸟不是独唱，每天会有两只小鸟与它伴唱，但是很明显，主唱是它，因为另外两只小鸟从来不敢大声歌唱，它们的声音总是比它的声音小，而且它们的歌唱总是穿插在它鸣唱的空隙之间。我不知道它们之间的关系，不过，很明显，它们不正是一个配合默契的合唱乐团吗？你仔细听，会听出它们之间的和谐。15分钟之后，它们的歌唱就会戛然而止，不知去向，不过明天早晨它们还会准时出现。

我从来没有见过它们，因为那个时间，我一般是躺在床上，不过在同样的时间，大多数的人早已走在上班、上学的路上。

有几次我听着小鸟的歌唱在想。

我是否太懒惰了，是否在浪费时光，是否没有给自己、家庭、社会创造价值？

但是，那些起早贪黑、忙忙碌碌的人们，是否也错过了一些有价值的东西呢？

他们可能听不到小鸟的歌唱，即使听到了，也许会责怪它们太吵闹了；他们可能除了关心下雨才会想起来仰头看看天空，他们从来不会感叹地说，多么蓝的天空啊；他们可能经常抱怨孩子太吵了，总是不好好吃饭，但是从来没有坐在旁边真心陪伴孩子玩耍，以及感受孩子身上透出的纯真；他们也许总是抱怨老板太不专业，总是任人唯亲，但是，从来没有留意过老板的艰难，以及他曾经有意留给我们进一步发展的机会。

人生的价值并不在于一个人经历了多少，不在于他是走过了波澜壮阔的一生，还只是他平平淡淡地度过一生，**而在于一个人是否真实地感受到了，自己的内心对人生的每一个片段的感受**。如果你曾经历过一段刻骨铭心的爱情，但是，在经历这段爱情的过程中，你内心所有的注意力都集中在两个人发生的每段故事中，比如，在江边酒吧的浪漫、路边的吵架等，那么你最终剩下的就只有这些回忆了。

但是，假设你在经历爱情的过程中，随时感受到自己在当时那一刻的内心感受时，你就是在充分体验你的一生，这才是所谓充实、有价值的人生。当你在江边酒吧中，你内心升起浪漫的感觉，在路边吵架时你内心的那种不被理解的气愤和怕真的伤害对方的担心，你就真的感受到了这些内心感受，就如同喝下酒杯中的啤酒一样真实，如果喝多了，真的会喝醉的。

什么是内心的贝壳，我们在每一刻体验到的内心感受就是我们的贝壳，就是我们的珍宝。如果在我们的一生中，捡到了更多内心的贝壳，难道这不就是一个极富有价值的一生吗？还有什么比内心的珍宝更加有价值呢？

如果我们能够**体验到内心中每一刻的感受和思想，我们就会自发地学习，向自己学习，向那些内心感受学习。**当我们感受到夫妻互相关心时的那一刻，在内心升起的温暖、安全的感受时，我们必然会决定今后一定要善待对方，要珍惜双方的关系。认真地体验自己内心的感受，就会将这些感受变得如同身体被刀割伤后疼痛一样的真实，当我们面对如此真实的感受时，怎么会不采取行动呢？被一件事情所诱发而决定采取行动，这不就是学习吗？而且这才是真正的学习。

请停下我们匆匆的脚步，漫步走向内心之海的岸边，俯身捡起更多的贝壳吧，我们会收获很多！

四、紧紧抓住问题本身

如果要在思考中看到问题的全部，我们必然先要搞清楚什么是问题的全部？

但是，正如我们在前面讨论过的，与盲人摸到的大象不同，问题是思想的产物，这不仅说明问题是我们的感觉器官不能直接感觉到的，更大的难题是问题本身就是虚幻存在的，因为思想本身就是虚幻的存在物。

虚幻存在的特点之一就是变化莫测，它们没有稳定、永恒的存在特征。这不需要逻辑推理，因为这是事实，你只要安静地观察自己的思想几分钟，你会感受到它们是如何地飘忽不定，你的意志是无法控制思想的，甚至你想控制思想的想法也是转瞬即逝的。

因此，一个问题到底是否是一个终极、公认的完整性，这本身就是一个最大的问题。就如剥卷心菜，其实剥到最后已经很难说清楚哪一部分才是卷心菜的菜心。不过，当两个人或者多个人在共同讨论一个问题时，在所有的参与者之间存在一种相对的完整性。而这个问题的完整性其实是存在的，保存在那一个或者几个思考最深刻人的头脑中，换句话说，参与者中思考这个问题最完整人的观点，就应该是这个团体能够看到这个问题最完整的层次。

虽然问题的完整性永远是相对的，但是我们仍然需要进一步解释什么是问题的全部。我们在此一再提到问题的全部是指对问题进行全面的了解。也就是说，问题的完整性不是一个结果，更像是一个过程，我们可以把问题的完整性看作是探索这个问题完整性的一个过程。就如同有一个声音一直在自己的头脑中说："我还是没有看到问题的全部，我还是存在一定的局限性，我还要继续探索下去。"

也就是说，当大家一起讨论问题或者自己独立思考时，首先要做的不是急于寻找问题的解决方案，或者将自己的解决方案推销给其他人，或者急于寻找证据证明自己的解决方案的正确性，而是让自己的思考停留在问题上，然后慢下来，越慢越好，不厌其烦地问大家和自己："问题到底是什么？这就是我们真正面临的问题吗？这是问题的全部吗？"

那么，讨论和思考问题的第一步就是探索真正的问题，发现问题的全部，而不是让自己的思维总是轻轻地滑过问题本身，匆忙地跳跃到寻找解决方案的道路上。

假设我是一位从事教育的专家，尤其是针对中学教育，我懂得很多教育理论和方法。某一天有位朋友找到我，他告诉我说，他的孩子上初中，但是学习成绩不好，希望我能给他一些建议。等他说完后，如果我马上根据自己掌握的教育理论和方法，以及教育的实践案例，给他一堆建议，那么，我的做法其实正是轻轻地滑过问题本身，直接提供解决方案。虽然这样的解决方案听起来很有道理，但是可以肯定地说，这个解决方案很难解决朋友的问题，因为这只是一个普遍性的解决方案，缺乏针对性。没有针对性就是没有解答问题，不管说的道理多么正确。

如果在听完朋友的讲述后，我不急于给出答案，而是提出一系列的问题以帮助我看到问题的全部，那么结果自然就不同了。

我会问：

“你的孩子是男孩还是女孩？

“他是哪几门功课不好？

“他这几门功课是一直不好，还是近期不好？

“他近期的行为是否有一些明显的变化？

“他坐在第几排，眼睛是否开始近视？

“他的性格是否内向？

“他近期是否说过他对未来职业的理想？

“他是否有早恋的行为和倾向？

“他们是否刚刚换过老师？”

……

当然，我不是教育专家，如果我是真的教育专家，也许会问出更多、更专业的问题。当所有问题都得到确认后，这位教育专家就会很自然地提供一个结合了他的专业知识和实际情况的针对性的解决方案。如果这位家长不能回答出大多数的问题，那么，就还有一个可能性，他的孩子学习不好的原因正是他。

再如，假设我是一家公司的负责人，对公司的整体负责。有一天，公司的一位产品经理找到我，他给我一个新产品的计划书，他想努力打动我，以使我接受这个新产品上市。对于我来说，决策一个新产品是否应该上市，首先要考虑这个新产品被消费者接受的可能性有多大，或者说，有多少目标消费者可以接受它。

所以，我就问他：

“这个新产品做过消费者测试了吗？

“让多少名消费者试用过？

“你们测试的内容都有哪些？

“测试的时间有多久？

“在哪些地区做过测试？

“最后，消费者的反应是什么？

“你的市场测试报告是否带来了？”

如果这位产品经理还没有做过消费者测试，但是他给我的回答是：“我们这个新产品应用的配方（或者技术、工艺、材料等）是经过全国相关领域中最权威的专家开发的，并且这个配方曾应用在其他行业的产品中。所以，我认为这个产品的功效是没问题的，是可靠的。”虽然他的内心也许存在一丝对没有做市场测试责任的逃避，但是，他的回答表明他没有理解我真正关心的问题，他从我内心中真正的问题边缘滑走了。

因为我最关心的问题是这个新产品成功的可能性有多大，基于这个判断我才能决定是否要将它推向市场。为了使我确信这个新产品的成功可能性，我需要做实际的市场测试，仅仅从配方、市场、技术等角度是不能给我完全的信心，也就是说，我需要从技术和市场两个角度看这个新产品，才能做出判断。

但是，这位产品经理与我不同，他不需要像我一样对新产品未来的成功负有同样的责任。对于他来说，仅仅是对这个新产品上市之前和上市的初期负责，这就是他常规的工作。但是对于我来说，新产品的成功与否影响公司的投资和未来的回报，甚至影响公司长期的竞争力。

因此，从他的角度、从技术角度证明新产品的成功性就足够了，但是，我肯定不是这么想的。问题在于，他如果想说服我支持这个新产品的上市，他应该首先了解我所关心的问题，从而在这个问题上与我讨论。比如，当我问了他那些问题之后，他可以这样回答：“我没有想到要做市场测试，那么我现在想与你一起探讨，我们是否有必要对这个新产品做市场测试？如果你决定必须要做，那么新产品上市的时间就要延长，而且需要增加资金的投入以做市场测试，你能够接受这些吗？”

如果他这样回答，他就没有从我的问题中滑走，而是紧紧抓住了问题，与我针对这个问题展开讨论。我们在此并不是讨论“换位思考”，以及如何推销自己的观点等沟通技巧，我们还是在强调，当我们在讨论和思考时，**千万不能习惯性地从问题边缘滑走，而没有看到真正的问题**，或者，根本就没有看到问题本身，而是应该紧紧地抓住问题不放，看不到问题本身或者说全部，就不去想解决方案。

我们的思考是否围绕着问题，是否看到了问题的全部，还是从问题边缘滑走了，其实是很微妙的，我们不能保证每次都能够辨别清楚。因此，我们再讨论一个例子。

假设我是一家连锁超市负责采购的副总裁，有一天去总部所在城市之外的一家连锁门店检查。在走到家电部门的卖场区域时，家电部门的经理突然过来跟我说，他们自己不能改变商品的零售价格，而总部变价太慢，在供应商通知变价后的一周才能改变门店的价格。这种情况不利于门店的灵活经营，同时供应商也不满意。

我听到他的反映后说："不会的，据我所知，门店是可以变价的，更何况家电部门大都是供应商自己经营的专柜，他们更加有变价的自主权。"可我分明感受到了家电部门经理那种无奈和失落的神态。此时的我根本没有倾听家电部门经理提出的问题，我轻率地从他的问题边缘滑过了。当然，这样做不仅不能解决问题，而且还会给团队带来怨气。

真正抓住问题的做法是这样的，当家电部门经理问我那个问题时，我应这样回答："你反映的这个问题是真的吗？是什么时候出现的这个问题？你能马上证明给我看吗？"其实，真的去查看家电部门经理提出的问题只需几分钟。如果我这么做，我既没有以自己"想当然"和"应该是什么样的"思维方式，否定对方提出的问题而置之不理，也没有马上给他提出解决方案，而是首先紧紧抓住他提出的问题不放，深入地界定这个问题。

作为负责采购的副总裁不直接参与各家门店的变价工作，因此我应该在头脑中首先假定，家电部门经理提出的问题是真实存在的，这就紧紧抓住了问题本身，随后继续追问几个问题，那么问题的全部就会暴露出来。不管是门店出了问题，还是总部出了问题；不管是刚刚出现的问题，还是长久的问题；不管是家电部门的问题，还是所有部门的问题；不管是全部连锁门店的问题，还是只这个区域中门店的问题。

总之，**只要我紧紧抓住了问题本身，看到了问题的全部，问题也就迎刃而解**。哪怕最终发现是家电部门经理不会应用变价系统，然后培训他或者换掉他，这就是在紧紧抓住问题之后最合理的解决方案。

难道企业的管理工作，不就是在这种日常的琐碎工作的改善中逐步提高的吗？

难道这不是管理工作本身吗？

难道只有公司战略、流程再造、六西格玛、人才培养才是管理问题吗？

五、不断就问题进行提问

正值冬至，但是感觉一点也不冷，让人错以为初春来临了。坐在屋内向外看，阳光照耀着一片绿色，除了房屋建筑的颜色，我看到的全部都是绿色，树叶在阳光中闪烁着亮光，使它们摇曳不止的风就像是春风一样。

不过，从绿色中不时透出的黄色树叶，还是暗示冬天已经到来，此时看到黄色树叶在风中摇摆，又感到的确是冬天的寒风啊！自从上周下过一场雪之后，直到今天一直是晴天，气温逐渐回升，穿着毛衣有些热了，在路上走着时，身体微微出汗。我的内心在想，如果每天都是这样的晴天就好了。我们都追求生活中的快乐，而尽量避免各种烦恼、痛苦。

但是，烦恼和痛苦是如何产生的呢？

难道不正是当我们追求快乐以及尽量避免痛苦，而快乐得不到、痛苦不能避免时才产生的吗？

即便我们得到了我们想要的快乐，但是我们是不是又开始担心快乐会很快消失，这种担心不就是烦恼吗？

还有，当我们得到了我们想要的快乐的那一刻，我们发现我们并没有想象得那么快乐，随即出现一种失落感和落寞感，这不也是烦恼的一种表现吗？

如此看来，我们追求快乐不就是同时也在追求烦恼和痛苦吗？

快乐和痛苦能够分开吗？

我们能够只享受快乐，而避免痛苦吗？

快乐是我们能够追求到的东西吗？

如果在生活中放弃追求快乐、规避痛苦，那么我们会得到什么呢？

我觉得这其中蕴含的道理，才是真正的知识，我们最应该学习的难道不是这些知识吗？

其实，我们本来都知道答案。

但是，为什么我们忘记了答案呢？

是什么迷惑了我们？

我们是如何走向迷失之路的呢？

也许这才是我们求知之路的起步之处啊！

当我们徜徉在海边时，无意间俯身捡起一个贝壳，感叹道，它是如此美丽啊！它太完美了！此时你感受你的内心，哪里还有一丝的痛苦和烦恼啊！人们都说，人类的本性就是不断追求更好的生活。我对此观点心存质疑。

接下来的问题是，

如何看到问题的全部呢？

如何紧紧抓住问题不放呢？

有什么方法与诀窍吗？

也许我们会想是不是应该学习更多的专业知识？

是不是应该有更加丰富的生活经历？

是不是更加聪明的人才能看到问题的全部？

但是，首要的问题是，到底是否有方法或者诀窍能够让我们看到问题的整体呢？

如果没有具体的方法和诀窍，那么，我们如何能够从问题的局部中解脱呢？

以上这些问题都是我们的思想在提问。但是，思想是无法找到从问题的局部中解脱出来的方法和诀窍的，因为让我们陷入问题的局部中的罪魁祸首正是思想本身。让我们再共同回忆盲人摸象的故事，四个盲人之所以看不到问题的全部是因为他们始终生活在黑暗中，他们根本就没有整体和局部的区分，所以他们想不到去寻找问题的整体。这正是关键所在，我们发现了使我们陷入问题的局部而不能自拔的思想的缺陷，即我们的思想认识不到自己陷入问题的局部中，它不是认为我们看到的就是问题的全部，就是从来没有整体和局部的概念。

这不就是从问题的局部中解脱出来的方法吗？如果在讨论问题和思考问题时，我们随时都意识到我们也许只是看到了问题的局部，那么，我们的思考就不会停止于现有的观点和看法，我们会锲而不舍地追寻问题，使我们从一个又一个的局限中解脱出来。也许在思想的范畴内，这种解脱的过程是无止境的，但是，我们确实距离问题的真相越来越近了，那么，解决问题还会成为问题吗？

当盲人摸到大象的腿后，他心里的第一个念头是，大象长得像根大柱子。但是，此时他心中的意识之光突然闪亮，他意识到也许他只是摸到了大象的局部，那么，他就会马上采取行动，也就是说，他会继续摸大象。当他摸到大象的身子时，他想，原来大象长得像是四根大柱子支撑着一堵墙。如果他依然意识到自己摸到的也许还是大象的局部，那么他就会继续摸下去。只要他头脑中的意识之光不熄灭，他最终会摸到大象的全貌。盲人摸象的故事不正是我们头脑在黑暗中思考过程的形象化吗？

从外在的表现来看，一个不断意识到自己可能深陷问题的局部中的人，他对待问题的行为往往与众不同。最明显的表现就是他会抓住问题本身不放，不断对这个问题进行提问，也就是说，他会围绕着问题不断地询问与问题相关的事情。

如果摸到大象腿的盲人，是一个意识到自己可能会深陷问题局限中的人，当他摸到大象的腿之后，他会追问自己或者别人。

大象长得真的就像一个柱子吗？

它的头在哪里呢？它如何走路呢？

它的叫声是什么样呢？

它是以吃什么为生的？

我好像听说大象长得不像柱子啊？等等。

他问的这些问题正是引导他认识大象真实形象的指路明灯。

因此，使自己看到问题全部的一个方法就是，围绕问题本身不断地提问题，直至无法再提出问题为止。久而久之，这种围绕问题本身不断提问题的行为养成了习惯，我们也就慢慢地从问题的局部中解脱出来。既然总是从问题边缘滑走的思考习惯可以养成，那么，紧紧抓住问题而不断追问的思考习惯也一样可以养成。我们不需要先戒掉一个习惯，然后再培养另外一个习惯。其实事实不是这样的，没有那么复杂，戒掉了一个习惯就意味着我们已经养成了与其相对立的那个习惯。

六、将所有的注意力集中到问题身上

我们现在将头脑稍微地转换，进入另外一个需要讨论的问题。我们的意识之光使我们看到自己深陷问题的局部而不能自拔，这就使我们有可能从问题的局限性中解脱出来，但是，在这之前要求我们必须做到一件事情，即首先要将所有的注意力集中到问题本身。如果我们将大部分的注意力集中到问题之外的事情上，那么，意识之光也无法照耀问题本身，显然，意识的活动是受到注意力（或者意志力）引导的，意识只能发光和照耀，但是不能决定将自己照耀到哪里。

这种将所有注意力都集中在一件事情上的行为，就是我们人类身上所具备的叫作“纯真”的品质。纯真就是在思考或者做一件事情时，心中没有其他的杂念。纯真的人做什么就是做什么，思考什么就是思考什么。当盲人摸象时，他只是在摸象，他头脑中想的也是摸象，他没有在摸象的同时在想着晚上吃什么饭，他没有想着昨天与另外一个盲人吵架的事情，他也没有想着一定要超过其他三个盲人，最快、最准确地摸到大象。那么，他就是一个纯真的盲人，他能够紧紧抓住问题不放，他能够从问题的局限中不断地解脱出来。

纯真的人并不是单纯，也不是幼稚，他们只是在做事和思考时专注于一个问题。纯真的反面是面面俱到、八面玲珑，虽然这些人看似聪明伶俐，招人喜欢，但是他们缺乏解决问题的能力。因为只有纯真才能把我们的能量集中起来，就如同放大镜在太阳下可以点燃干草一样，集中的能量可以燃尽覆盖在问题上的干草，使我们看到问题本身，看到问题的全部。

在这里提及一个与企业经营管理有关的话题。为什么很多企业总是感觉自身的执行力不够呢？执行力不够的表现就是已经达成一致的决定却不能被很好或很快地执行。虽然执行力不够有很多原因，但是，我们总是从问题边缘滑走的思考习惯，也是导致执行力不够的一个重要的内在因素。

为什么这么说呢？如果我们的思维从问题边缘滑走了，我们就没有看到问题的全部，也就是没有看到真正的问题。那么，在我们的头脑中会不自觉地形成这样一种状况：对问题本身的认识是蒙蒙胧胧的，既不是不知道，也不是完全知道。

由于我们没有对问题本身进行完全、深刻的认识，这会使我们产生一种感受：“我同意对这个问题的决定，这个问题是显而易见的，但是我觉得这个问题不是很重要，这个问题也不是很迫切。”也许我们并没有清晰地意识到我们内心有这种感觉，但是，这种感觉确实有可能存在，而且这种感觉一旦产生了，它就开始影响我们的行为。显然，这个行为就是消极、忽略、忘记对这个问题所做出的决定的执行。

假设我在管理一个新产品上市项目，我与所有团队成员开会确定了一个基本的方针。由于我们没有对这个新产品做市场调查工作，而且，这是代表一种全新的消费者需求的产品，没有同类产品可以作为参考，因此，我们对这个新产品上市后的表现没有任何可以支撑的信心，我们有的只是对市场趋热的感觉。基于这种情况，我们决定尽量减少资金的投入，只做 3 个月的试销，然后视销售情况、市场的反馈再决定是否正式做这个产品。

我们对以上问题的核心决定是尽量减少资金投入，以最简化的方式上市。那么，执行这个核心决定的行为是，开发尽量少的产品型号，精选销售渠道，将有限的资金投入精选出的销售渠道中，先不组建独立的销售团队，等等。但是，假设在上市的过程中，我不知不觉将产品进入了更多的销售渠道，显然，我开始违背最初的决定。

假设我的内心并没有认为最初的决定是错误的，正是由于我的思维太快地从问题边缘滑走了，我虽然认同那个决定，但是并没有看到这个问题的全部，那么，也就没有认识到这个问题的重要性。由于我做销售出身的思维惯性，尽量提高销量的想法习惯性地占据我的内心深处，一旦产品推向市场，提高销量的想法就慢慢在我的头脑中占据上风，我就开始不知不觉地拓展销售渠道。

这就是我们的心理轨迹。如果我们没有真实地看到问题的全部，我们内心就不能对这个问题形成真正的认识，也就不能给予它足够的重视，那么，接下来的执行就会出现偏差。正是由于我们经常出现从问题边缘滑走的思考习惯，我们才应该深入地反省，问问自己，我们的管理风格或工作习惯，是否支持我们“紧紧抓住问题不放”呢？

一个具有“紧紧抓住问题不放”的管理风格或工作习惯的人会这么做，他在讨论完问题后，至少会重复一遍对问题的决定，并至少会问一遍这几个问题：

大家真的理解和支持这个决定吗？

大家对这个决定是否还有异议？

关于这个决定还有什么问题吗？

这不是啰唆。啰唆是重复无意义的话，这是在提示大家都要紧紧抓住问题不放，不要太快地让思维跑开，不要太快地说同意。

我们在本章中讨论的问题是，保持纯真，让我们的思考停留在问题上，不要轻率地从问题边缘溜走，然后慢下来，越慢越好，养成紧紧抓住问题不放的思考习惯。

让思考慢下来的目的是探寻问题本身到底是什么？

一个问题的解决方案在问题之外吗？一个问题之外的解决方案能够解决这个问题吗？

难道探索问题本身的过程，不就是寻找问题真正的解决方案吗？

我们能够在自己的内心发现这个道理吗？

让我们继续探索自己的内心吧！

后面我们还会讨论这个问题。

那么，在平时，我们的思考在每个问题上停留了多长时间呢？

停留的时间足够长吗？

我们的思考是否从问题边缘快速地溜走了呢？

我们紧紧地抓住问题了吗？

我们看到问题的整体了吗？

我们看清问题本身是什么了吗？

如果我们是一个纯真的人，我们具有纯真的品质，那么，我们的思考就在以上这些问题上停留更长的时间吧。

现在，你是否发现：

你的思考到底在刚才那些问题上停留了多长时间呢？

你认为停留的时间足够长吗？

你认为看到这些问题的整体了吗？

你确信你看到问题本身了吗？

思考习惯二：思考，要深挖一口井

一、不要将向往和期望当作现实

昨晚在睡梦中我突然醒来，听到屋外的风声呼啸，也许正是那风声惊醒了我，我不能确定。连续几天温暖的日子就要结束了，冬天的寒风终于到了，既然它来了，也许大家的内心反而踏实了。我们害怕的是对寒冷的恐惧，一旦寒冷真的来临，我们发现它并没有那么可怕。一直以来，是我们的思想在恐吓着我们，通过记忆的功能，我们记住了曾经经历过的寒冷，经过思想的不断渲染，我们将对寒冷的真实体验，存储在记忆中，然后在我们回忆这段记忆时，思想加入了各种情绪，比如，恐惧、畏难、担心。

我躺在床上静静地听着树叶哗哗的声音，以及风吹动空气的呼啸声，周围一片寂静，在我的世界里只剩下风声，那风声不就是我自己吗？听风声的人不存在了。

既然思想增加了我们的痛苦和烦恼，我们为什么要产生思想呢？这岂不是自讨苦吃吗？

可是，思想不也给我们带来了很多快乐吗？看来我们对快乐的追求是根源。也许，在远古时期，进入我们人类头脑第一个清晰的思想就是，追求快乐、安逸及逃避痛苦、烦恼。

这是一个圣诞平安夜的早晨，在寒风的呼啸中，当然不会有晴天了，天空是铅灰色的。如果仔细看的话，还能看到片片的白云，不过白云的白色已经染上了一丝黑色，但是它们确实仍然是白云，而不是乌云。风并不是连续刮的，大概每隔几分钟才刮过来一次。当你将要忘掉它时，它就呼啸而至。刚刚走出屋外，扑面而来的是风的味道，你无处躲避，但是当你仔细闻一闻，把头脑中所有关于风的味道的记忆、印象、幻想和期望都清除，却没有闻到任何味道。**心中没有失望，也没有奇怪，因为头脑中没有了期望和记忆。**

再过一会儿，也许就要下雪了，看着天气从晴朗转到灰暗，我们的心情会有变化吗？范仲淹在《岳阳楼记》中感慨道：“不以物喜，不以己悲。”我猜他的意思是说，如果我们能做到“不以物喜，不以己悲”该有多好啊！能做到“先天下之忧而忧，后天下之乐而乐”该有多好啊！这是一种对自己及对他人的期待，是对这种美好情操的向往和追求。

但是，**正因为这是一种向往和追求，它们才不是真实存在的**。我们并不是说这种向往和追求不好，也不是在讨论是否应该有向往和追求，我们只是在陈述一个事实，即当我们向往和追求某个东西时，恰恰证明在当时那个东西是不存在的。身在新鲜的空气中，绝对不会向往新鲜的空气；身在温暖的环境中，绝对不会追求温暖；身在苍茫的大山中，绝对不会追求苍茫；身在浩瀚的海边，绝对不会追求浩瀚；你是慷慨大度的人，就绝对不会再追求慷慨大度。**这是一个事实，但是，我们的思想不愿意承认，因为这一切都是它们造成的。**

而且，更加重要的是，**如果我们真的能够深入到思想的深处，就一定会发现向往和追求是否定现在的**。当我们想："如果我能变得更加宽容该有多好啊！"这是一个美好的愿望和理想，无可厚非。但是，这个想法却透露出我们内心深处的另一个想法没有说出来，也许自己也没有意识到潜在的想法："我现在不是很宽容，我现在做得不好，其他人比我宽容，我对自己的不宽容感到不满意。"这不就是对自己"现在"的否定吗？

但是，正因为我们认为我们的现在是不好的，我们否定了我们的现在，而我们寄予莫大希望的未来并不是真实存在的，它只是头脑中的一个想象，即便理想在某一天实现了，那么它也是存在于那时的现在。在这种情况下，我们的头脑会耍一个小花招，即把如果我能够那样该有多好啊，当作现在就是这样了，然后内心感到一些满足、轻松。我们仔细观察一下自己思想的内部，是不是有时会出现这种情况呢？为什么思想要耍这个花招呢？

我们继续向思考的内部看，就像通过显微镜观察某个物质的东西一样。但是，在观察思考的内部时，我们需要更加小心，因为我们要观察的东西必须用同样的东西来表达和解释，也就是说，**我们观察到的思考内部的情况，仍然只能用语言和思想来表达和解释。语言是思想的表达，而思想是思考的结果。**

如果我们真的认真观察了思考的内部，也许会发现我们有时确实会将向往和期望当作现实的存在。虽然听起来好像不太可能，因为这两者的区别太明显，但是，我们的思考及其思考习惯并不总是被我们控制，甚至可以说是思考即思考习惯在控制我们。因为实际上，思想就是我们自己。这是一个事实，无须辩论，但是需要我们自己去求证。

在大多数情况下，我们并不了解我们的思考活动是如何进行的，它们好像一直在自动运行，问题就出在此。如果我们平时对思考的活动根本就没有觉察，更谈不上控制，那么，我们就不能绝对的否认，我们有时会将向往和期望当作其现实的存在，这也许是一个我们没有发现的思考习惯。

当然，将向往和期望错误地当作其现实的存在，并不是阿Q精神。阿Q精神是指内心知道向往和期望与现实存在的差别，他只是假装向往和期望已经实现了，而借以麻醉现在的自己。但是，我们在这里所说的并不是这样，因为我们是在自己毫不察觉的情况下，将向往和期望当作现实的存在。

二、独立思考，不听从权威

现在的问题是，为什么会有如此可笑又不可思议的情况发生呢？我们的思维出了什么问题呢？我们这种思考习惯是怎么形成的呢？为什么我不能及时地发现这种情况呢？

我们一起想象一个画面，请一定跟着我想象，其实很容易做到，因为这也是一个被大家所熟知的故事。这个故事有很多版本，在此我们用自己的想象力延伸这个故事吧！

这是一片平原地带，四处长满庄稼和各种树木，小河纵横流淌，在庄稼和树木的中间远远地点缀着一个个村落，显然，这不是一个缺水的地方。

由于连年的干旱，在一个村庄中仅有的一口水井干枯了。村主任便指派村里唯一懂得打井的人去打一口新井。这是一个男人，当然也可以是一个女人，但是这没关系，总之他/她是我们人类中具有代表性的普通一员。他/她没有任何特殊之处，确实是一个普普通通的人类。他/她长得也极其普通，你可以把他想象成任何人的模样。

他/她对打井很有经验，他/她在村子旁边看好了一块地方，确定这个地方一定有水，而且水位不是很深。于是，他/她开始挖井了，后面的故事情节是一样的，当他/她挖到一定深度后，感觉应该有水了，但是迟迟挖不出水来，然后他/她决定放弃这个地点，在旁边另外选了一个地方继续挖。

我们想象最后一个画面。这是一个垂直的截面图，在厚厚的土层下面有一条涓涓流过的地下河流，在它上面的土层中被挖出了4个或者5个水井，但是它们都没有触及地下河流，而且很可惜的是，有2个水井仅差一点点就碰到水面了。在这幅画面的边缘，那个男人拿着铁锹、叼着烟走向了远处，并自言自语道："这下面没有水，再换一个地方挖。"

我们不是在讨论锲而不舍、坚持不懈的问题，虽然这个故事确实透露出这个道理，我们把这个故事的画面想象成我们的思考过程，我们是不是具有一样的浅尝辄止的思考习惯呢？我们平时的思考，是不是经常在没有触及问题之河流时就停止了呢？我们现在就回忆一下，是否在某一刻，曾猛然地意识到，自己从前对某个问题的看法太过肤浅了？从前与某个朋友争论不休的问题，原来是自己没有把问题看透彻？

但是，问题在于，正是因为我们的思考没有触及问题之河流，我们只能看到我们思考触及的地方，我们的思考认为已经挖得足够深了，我们就会认为这个地方没水了，然后我们就停止对这个问题的思考。那么，我们在生活和工作中遇到很多问题，都成为那些半途而废的水井，在还没有发现下面的河流时，就停止并转移到下一个问题上。**这一生不知要挖出多少个废井，但是，这些废井都是我们自己挖的，我们要为此负责，也就是我们要为自己的人生负责。**

那么什么是负责呢？我们很清楚，责任就是我们承诺或者敢于为自己做的或者其他人做的某些事情所引起的后果，担负惩罚和责备，并尽自己最大的努力弥补损失。勇于承担责任的人是一个值得信赖的人，勇于承担责任也是人类一种优秀的品质。但是，如果深入到思考的内部，我们会发现责任还有另外一层含义，而这个含义对我们的人生更加有指导意义。

如果你是一个真正负责任的人，在做任何事情之前，你就会想："将来一切后果我都要承担，因此我在行动之前要慎重选择。"那么，你就不会局限于一种选择，你会努力地寻找更多的可选择性，最后从中选择一条你认为最适合的。这时，你才会心安理得地想："这是我最好的选择，所以我不怕将来的后果是什么，我无怨无悔。"当我们这么想时，就必然是一个负责任的人，没有任何的勉强和恐惧。当然，我们自己也会认为这没有什么勇敢可言，这只是很自然的事情。

其实，这两种对责任的理解最大的区别，在于着眼点的不同。第一种理解的着眼点在事后的结果，而第二种理解的着眼点在做事之前的选择。所以，第一种理解把我们的注意力转移到一个人是否勇敢，也就是说，把是否负责任与一个人的品德联系在一起，第二种理解将我们引导到一个人是否是明晰的，如果他是负责任的人，那么他必然是一个明晰的人，明晰的人就是自己主动选择自己人生的人。

我们怎样理解责任呢？

我们是一个负责任的人吗？

我们不仅要成为一个勇敢的人，我们还要成为一个为自己人生负责任的人。

那么，我们是一个随波逐流的人，还是一个善于自己做选择的人呢？

习惯于随波逐流的人就会停止思考，我们永远在扮演着追随者的角色。作为追随者是不需要主动思考的，只要听从领导、权威、专家、父母的意见即可。

追随者们认为自己应该做的是能够尽早地听到权威们的意见，并费尽心思地思考权威们的意见到底是什么意思。

那个最早知道并领悟权威们的意见的人便成为成功人士，他是权威意见最权威的解释者，他满足于自己的解释，并由此得到别人的尊重和支持。

我们平时是在勤于思考，还是早已停止了思考？

如果我们平时缺乏对自己的观察，就无法知道这个有关自己的答案。

当我们还是青少年时，父母给我们灌输了一些观念，我们是否质疑过？

随着年龄的增长，我们是否开始回顾我们头脑中一些固有

的观念，然后质疑它们？

当我们成年以后，自己担负起家庭和工作的责任之后，我们是否在接受任何观念之前先质疑了呢？

但是，问题在于，如果我们本身已经失去了敏感，然后就停止了独立思考，那么，我们怎么能发现自己已经停止思考了呢？所以，如果我们不承认自己已经停止了思考，那刚好说明我们事实上已经停止思考了。当某一天我们突然发现，原来多年以来我们的思想只是在随波逐流，难道这不正是表明我们已经开始思考了吗？

如果你愿意的话，现在就回顾一下自己的内心经历。我们在讨论问题时，是否经常说或者想到："某大师曾说过应该这么做，所以我们也应该这么做；某大师是怎么做的，所以我们也应该这么做。"显然，踩着前人的脚印走路是安全的。

但是，我们却失去了前人脚印之外更加广阔的人生体验，我们一直在重复着别人的人生。

那么，我们自己是谁？

我们还是自己吗？

我们为什么不过自己的生活呢？

难道每天过着同样的生活不痛苦吗？

三、问题真的已经解决了吗

早晨，那只小鸟又准时来到了窗前鸣唱，但是确切地说，今天听到的不是鸣唱，更像是痛苦的呻吟。它的叫声非常嘶哑，而且声音也不再那么响亮，好像没有了力气，或者心情不好。另外，它的两个同伴也没来，只有它独自鸣叫。它们怎么了，难道是被这两天的寒潮冻病了？它的伙伴们难道已经尘归大地了？

它只叫了四五声就突然停止，再也没有声音了。它是飞走了，还是仍然待在那里，只是没有力气或没有心情鸣叫了呢？我感觉它是在跟我及周围熟悉的一切告别。祈愿明天早晨还能听到它的鸣唱。

如果它真的死了，恐怕没有别的小鸟再飞过来接替它天天歌唱了吧？这只小鸟能够天天来到这里歌唱，不就仅仅是一个偶然吗？

再过不久，我也要搬走了。我将要离开这里熟悉的一切，这里熟悉的一切也将要离开我。如果我离开之后，那只小鸟仍然每天来窗外鸣唱，它是否也会发现少了一个听众呢？

它会像我们一样感伤吗？

我们为什么会产生悲伤的感受呢？

我们是否能控制自己而不悲伤吗？

假如在20年前，我曾经有一辆摩托车，开始我并不喜欢它，它只是代步的工具。我骑着摩托车上班、下班、工作、休闲，慢慢地，我开始适应它，随之对乘公交车、骑自行车变得不再适应了。我逐渐感受到骑摩托车的方便，并开始喜欢骑摩托车。此时，我就对摩托车产生一种依赖感。随着时间的推移，这种依赖感变得越来越强烈，最终依赖感变成一种我非常真实的感受，也就是说，对于我而言，**这种依赖感就如同摩托车本身一样是真实的存在。**

摩托车在我的眼中不仅仅是摩托车，而是我喜欢的摩托车，也就是说，我在摩托车身上附加了我喜欢的感受。突然有一天，这辆摩托车丢失了，我内心的这种依赖感顿时失去了依赖的对象，我的胃部产生一种明显的空虚感，那是一种胃部被掏空的感觉，而这种感觉就是分别时感受到的忧愁。王维的“劝君更尽一杯酒，西出阳关无故人”，不正是对这种离愁别绪的诗化表现吗？当然，这不是对损失金钱的难受，因为那一刻的感受我观察到了，如果我是诚实的，那么我说的就是真实的。

看起来，我们对人或事物的依赖感是产生痛苦、忧愁的根源，而依赖感的产生是由于人或事物满足了我们的某种欲望。显然，生理上的欲望是自然的，但是我们为什么会在心理上也产生那么多的欲望呢？是记忆和思想，它们就是心理活动的全部内容。我们为什么不能不带有任何的印象和思想看着一朵玫瑰花呢？此时的行动是自发的、自然的。但是，我们却总是说：这是一朵玫瑰花，而且是一朵非常漂亮的玫瑰花，我想把它摘下来送给我的爱人。

这不是理论，也不是一种观点，所以大家既不要表示赞同，也不要表示反对。这来自对我们自己心理活动的真实观察，它就是一个事实的存在。

既然如此，我们何必要去问为什么呢？

我们何必要去探究它背后的逻辑呢？

我们既然观察到“1+1=2”这个事实的存在，何必要问“1+1”为什么等于“2”呢？

如果我们是随波逐流的人，就会不自觉地接受别人很多的观念。随着我们生活的延续，这些观念积累得越来越多，然后，不管遇到什么事情，我们的头脑自动按照这些观念进行思考，以这些观念作为评判的标准，最终我们变为一种机械式的思考。而且整个的过程，我们自己意识不到。

我们不会轻易承认我们被各种思想、观念局限了，我们认为自己一直在独立思考。我们认为知道自己在做什么、应该怎

么做，我们只是受到外在客观因素的影响，而无法按照自己的意愿做这些事情。真的是这样吗？只有深入地观察自己，才能找到答案，在此我们无须辩论。

机械的含义就是永远按照一定的模式重复运行，只要在运行，那么每一次的运行必然是一模一样的。如果我们养成机械式的思考习惯，那就意味着我们每天的生活是重复的，重复多了就变成单调，单调久了就会感到乏味和腻烦。这是很严重的，久而久之，我们乏味和腻烦的是我们自己的人生，最终对物质的追求就成为我们唯一的人生内容。

除非我们静下心来深入地观察自己的内心，否则我们是无法发现这种机械式的思考习惯的，既然是一种习惯，必然是在无意识的情况下运作的。如果我们的头脑中装满各种各样的观念，而我们认为这些观念是天经地义的，我们从来没有质疑过它们，那么这表明我们很可能已经养成机械式的思考习惯。

请不要忙于质疑这个判断，其实这本来就不是一个判断，只是一个对自我内心活动的观察结果，那么，我们要做的是现在就静下心来，深入到自己思考的内部进行观察，看看我们头脑中的某个观念，我们是否在从来没有质疑过它们的情况下就接受。

说真的，刚才你在心中曾质疑过那个判断吗？如果你的质疑是建立在将这个判断与自己内心已有的看法相对比的基础上的，那么，这个质疑不是我们所说的“质疑”。你的这个质疑只是一种在两个东西之间的选择性行为，而且选择的标准是你自己固有的观点，这不是真正的质疑，当然也不能给我们带来质疑后的效果。**真正的质疑是指我们真实的观察结果与别人说的观点不同，或者在我们的头脑中从来没有过对此事的已有看法，在听到别人说的观点之后，表现出的不确信、惊讶、新奇等感受。**

随着年龄的增长、阅历的丰富，我们的头脑就装进越来越多的观念，在做事情时，这些观念就变为一个个的答案，也就是说，很多问题的答案是由我们那些固有的观念自动提供的，而不是经过头脑的主动思考。机械式的思考习惯使我们在遇到问题时，停止了思考，不再深入地探究问题本身，而是以某个固有的观念轻易地给出问题一个答案，然后我们就感觉问题已经解决，问题已经不存在了。

显然，问题并没有解决或彻底地解决，“问题解决了”只是我们的感觉，只是我们的一个想法、念头。而且，在我们的头脑中一旦形成“问题已经解决了”的想法后，这个想法就阻止我们继续探索问题。接下来，我们的头脑并不会空闲，它要忙碌起来才能证明它是真实存在的，所以它就开始思考其他的问题，但是，我们仍然是以机械式的思考习惯解决其他的问题。

我们的思考就像石子在水面上快速地滑过，虽然我们感觉很轻松、很快速、很高效，但是，我们永远不知道水下是什么样子的。机械式的思考习惯使我们生活在浮躁而肤浅的观念中，而不是生活在真实的生活本身中。那么，我们的生活本身就是浮躁而肤浅的，因为一切的观念、思想不就是我们自己吗？

四、看清楚问题的本质

当我们遇到问题时，由于机械式的思考习惯，使我们停止了对问题本身深入的思考，这就给我们解决问题带来一个巨大的障碍，在我们的头脑中，只能看到问题的现象，而很少看到问题的本质。那么，**我们怎样才能真正有效地解决问题呢？我们解决问题的效率怎样才能提高呢？这正是我们在此要讨论的重点。**

如果我们平时只能看到问题的现象，而看不到问题的本质，久而久之，我们的头脑有可能产生一种盲区，即沉浸在问题的现象中而不知道什么是问题的本质。这不是说这样的头脑不知道如何挖掘问题的本质，而是说这样的头脑根本就不知道问题本质的存在，所以也就想不起来要主动地去寻找问题的本质。也就是说，**我们的头脑也许从来就分不清楚问题的现象和问题本质之间的区别，而且，也从来没有想起来去区分两者之间的区别，这是最可怕的。**

因此，在面对问题之初时，我们的头脑也许不会马上想到：

“这是问题的现象，还是问题的本质？

“如果这是问题的现象，那么问题的本质是什么呢？

“我如何才能看到问题的本质呢？”

如果我们的头脑在解决问题的整个过程中，一直都想不到这些问题，那么，我们提供给问题的解决方案将会是什么呢？那只会是一些解决问题现象的方法，所以可能根本无法解决问题本身。

此时，在心中问问自己：我们平时在面对问题之初，是否想到过这些问题呢？

确实，在很多时候，问题的现象和问题本身是不易区分的，而对于那些极其简单的问题，也许现象就是问题的本质。这需要非常敏感的头脑。那就让我们带着敏感、安静的头脑，借助下面的例子看看它们之间的区别到底是什么？

温度计指示出来的温度并不是问题本身，它只是现象，它只能表明现在的天气客观上的冷热程度。对于一个饿着肚子、穿着单薄衣衫走在风雪交加的大街上的人来说，他在内心也许一直在责怪自己，为什么今天出门没有多穿件衣服呢？

另外一个有同样境遇的人也许一直在后悔，今天要是不出门就好了，本来这件事情不一定非要今天办的。还有一个超市的店长也许在暗自高兴，因为他昨天刚刚多订了一批保暖内衣和棉皮鞋。这些才是他们几个人真正关心的问题，而不是温度计上的温度。

老师给一位家长说："你们的孩子在这个学期的学习成绩下降了，你们要配合学校对孩子进行督促。"回家后，这位家长对孩子大发脾气，指责说："如果下个学期你的学习成绩不能提高，你将受到严重的惩罚，再不允许你上网了。"显然，这位家长是在对一个问题的现象发火，他并没有发现问题的本身是什么。

假设孩子学习下降的原因是由于他在上学期开始早恋了，那么这才是问题本身，或者是问题的本质。

家长需要考虑的问题是：

为什么孩子开始早恋了？

如何劝导孩子停止早恋呢？

如何将孩子的兴趣转移到学习上来呢？

如果家长能够帮助孩子把这些问题解决好，那么，孩子的学习就自然会提高。因此，如果这位家长要发火，应该冲着他的孩子吼道："如果你不停止谈恋爱，将不再允许你上网了。"

即便在这位家长的头脑中分不清楚问题的现象和本质的区别，也许他会追问孩子学习下降的原因，但是，我们仔细想想，如果他的头脑中没有明确的现象和问题本身的区分，他就很可能将孩子学习下降当作问题的本身。也就是说，他的头脑中最关心的是孩子学习下降这个问题，那么，这就导致他容易忽略对产生现象的问题本身的追查，他对问题本身追查所投入的信心、决心和精力就会少得多。那么，也许他一直都查不出孩子学习下降的真正原因，也许他会花费更多的时间才能查清楚原因，这怎么能真正地帮助孩子提高学习成绩呢？

相反，假设在这位家长的头脑中，非常清楚地了解问题的现象与问题本身的区别，那么，他的思路不会过久地停留在指责孩子学习成绩下降上，而是将重点放在寻找导致学习成绩下降的真正问题所在。那么，他也就不会将主要精力放在训斥孩子上，而是放在追查问题本身上。即使这位家长没有专业的教育知识、心理学等知识，仅仅依靠他直指问题本质的思考方式，也能使他尽快地找到孩子学习成绩下降的真正原因，也就是问题的本质。

虽然在这些例子中我们一直使用“假设”一词，但是这些例子其实都曾真实地发生过，只是为了避免让与例子有着类似经历的人们，感觉到是在说他们的心理活动。当然，感觉到似曾相识是无法避免的，因此，“假设”仅仅是一种回避的说法。另外，我们也希望使用“假设”的说法，能使我们讨论的心理活动变得更加普遍化，也就是说，更加具有代表性，而不是一个特例。

假设我是一位新上任的品类经理，品类管理和产品管理经验不是很丰富，有一次给一个新产品定价。这个新产品的任务主要是与竞争对手类似的产品竞争，同时在这个品类中还有3个已经在销售的产品，这些产品都满足于各自的消费群体的需求。在定价过程中，有位资深的同事提醒了我一个问题，他说这个新产品的定价过低，从而显得这个分类中主打产品的价格就过高了，这必然会影响消费者对主打产品的看法，最终可能会使销量下滑。因此，**定价时应该考虑到品类中各个产品之间的价格保护和协助。**

我非常欣赏他所说的价格保护的思想，并且在我的头脑中留下深刻的印象。半年后，由于原材料成本发生了比较大的变化，使我们获得一次对这个品类中的所有产品重新调整价格的机会。在此次调价过程中，我始终把各个产品之间的价格保护和协助作为首要考虑因素。但是，那个同事此次却提醒我，**不要总是考虑价格保护问题，并说我忽略了各个产品的目标消费群体的消费水平和消费习惯**。我真的被他搞糊涂了，他的两次建议是完全相反的观点。

显然，在这两次的定价过程中，我犯了生搬硬套的错误，原因在于我的头脑中对问题的现象和本质没有区分的意识。价格保护和协助只是第一次定价过程中的一个现象。而这个新产品其实仅仅是扮演了一个“斗士”的角色，它可以在各个方面尽量贴近竞争对手，争夺他们的市场份额，同时它应该尽量远离自己原有的产品，这才是问题的本质。

如果我很清楚这个新产品只是扮演一个“斗士”的角色，它的主要任务就是与竞争对手争夺市场，那么，我很可能不用同事提醒也能够考虑到对主打产品的价格保护问题。同时，我也许还会考虑到产品包装、销售渠道、陈列位置、促销形式等方面，也要尽量贴近竞争对手的产品，而远离自己原有的产品。

现在我们静下心来，假设我们自己就是“我”，就是这位品类经理，我们正在思考这个新产品的定价问题。不管我们是从事什么职业的，是否具备专业的营销知识，我们是否感受到，如果一开始就抓住了问题的本质，我们是不是就会自动地想到对品类中其他产品的价格保护问题？

当我们剥开了问题一层层的现象，最终看到了问题本身，或者问题的本质，自己头脑中的知识，包括别人头脑中的知识，还有用吗？

也许在面对问题时，我们应该暂时忘记头脑中的那些知识，因为它们正是解决问题中的障碍。

在第二次定价时，那位同事关于价格保护的建议不就成为知识障碍了吗？

它在我的头脑中变为理论，然后阻碍了我看到问题的本质。但是，是谁把别人的建议变为理论了呢？正是我们自己，正是我们随波逐流的思考习惯。

真理就在我们每个人的心里，是我们自己的思想遮挡了真理之光。

五、行动才能带来彻底的变化

从早上开始，在不远处的地方不时传来一阵阵的轰隆声，声音不大，但是身体似乎也能感受到震动，也许是谁家空调的室外机发动的声音。当轰隆声停止的片刻里，周围一片安静，虽然看到树叶在摇动，但是听不到一丝的风声，也听不到人们说话的声音，寒冷阻止了声音的传播。在树丛和楼房之间，不时有小鸟匆匆飞过的身影，它们也没有鸣叫。

你是否全神贯注地倾听过，用你的全部身心去倾听周围的一切。不是专注地倾听一种声音，而是同时听到周围所有的声音。我们也许都曾有过沉醉于某一段美妙的音乐中的经历，在那时，我们忘记了自我，以及周围的一切，在我们的心中只剩下那首音乐所要表达的感受，伤感、喜悦、乡愁、离别等。

但是，我们说的全神贯注地倾听并不是指的这种状态，**我们是否愿意尝试体验另外一种倾听？**当我们听到阿炳演奏的《二泉映月》时，心中必然升起一种断肠般的心酸感觉，我们的内心会被他震撼，也许我们会潸然泪下。我们为阿炳的遭遇感到心酸，同时也为自己坎坷的命运感到难受，甚至我们会为更多不幸的人感到难受。

又有谁能够抵抗音乐带给人心灵的触动呢？很多人在受到某种强烈的情绪的影响时，会在音乐中寻找暂时的逃避、休息、安慰和共鸣，此时我们观察或回忆自己的内心，音乐是消除了我们的情绪呢，还是加剧了情绪，或者只是暂时使我们忘记了自己的情绪呢？

我们在此不探讨这个问题，但是，我们是否想到过或者感受到，当我们在听到阿炳的《二泉映月》，心中升起断肠般的心酸时，我们此时还在听阿炳的演奏吗？我们马上会说，当然在听了。那么，我们再重新问这个问题，当我们在心中已经升起了断肠般的心酸后，我们此时还在全神贯注地倾听阿炳的演奏吗？

我们一边感受着自己心中的心酸，一边听着阿炳的演奏，这还是完全地倾听吗？

只有耳朵在听，而心却在感受心酸，这是真正的倾听吗？

显然，我们分心了。只有耳朵是听不到任何东西的，必须有我们的心介入才行。

心如果没有完全介入，那就是分心地在听，这就是“心不

在焉”。

在大多数的情况下，我们不正是如此吗？

我们只喜欢听我们喜欢听的内容，我们的内心一直在抗拒那些我们不愿意听到的东西；

我们也只喜欢听那些听惯的、熟悉的内容，而抗拒那些从来没有听过的、不熟悉的东西；

我们也只喜欢听那些我们赞同的东西，而不自觉地抗拒那些我们不赞同的东西。

而且，我们在倾听时，还在单纯的倾听对象之上附加上自己的情感、好恶、判断、感受、观点等，那么，我们听到的又是什么呢？

我们总是在头脑的嘈杂声音中倾听，不是吗？

为什么我们不能停止头脑中的声音，而用完全的心去倾听呢？

如果这样倾听，就会听到完全不同的东西，这是一种完全美的感受。不过，它不是那种听到美妙的音乐后感受到的美，它是一种发自内在的美，所以我们听到的一切都是美的。此时，我们就会变得更加敏感，我们会注意到周围的人、树、落叶、鸽子，我们的面孔会变得柔和，冷漠和麻木远离了我们。

这样的倾听还能使我们听到问题的本质，而不是自己内心的观点、感受、想象。

如果我们只听自己喜欢听的，只听自己认同的，那么我们还会继续思考吗？

甚至，我们还在思考吗？

如果我们对自己不喜欢听的就拒绝倾听，对自己不认同的就据理力争，这是在思考吗？

当我们有了喜欢的东西，有了认同的东西，有了习以为常的东西，我们的内心就早已有了结论和答案，一颗带着结论和答案的心还会思考吗？

我们在与别人讨论问题时，只会这么说："你说得不对，我不赞同你的观点，我认为应该是这样的……"非常肯定的是，我们很少会这么说：

"你为什么这么说呢？

"你为什么持这种观点呢？

"是什么使你产生了这样的看法呢？"

我们是否认识到，赞同与反对不是思考，提问和质疑才是思考，因为我们思考了才会有问题，不是吗？我们质疑某个人的某个观点，不是因为我们不赞同对方的观点，而是因为我们在思考对方为什么会产生这样的观点。

因此，**阻碍我们思考的并不是我们不会思考，也不是我们没有思考的能力，而是我们的头脑中已经有了结论和答案。**我们也不是分辨不清楚问题的现象和本质，而是因为我们停止了思考。久而久之，我们的头脑就变得麻木了，变得迟钝了，变得不会思考了，变得不会深入思考了。

与挖井不同，是否挖到了水是一目了然的，而且所有在井边围观的人都会看到同样的结果。思考完全不一样，因为认识我们的心的工具仍然是心本身，因此，在一般情况下认识不到我们是否停止了思考，也就是说，**我们根本想不到我们已经停**

止思考了，我们认为自己仍然在思考，甚至一直是在很深入地思考。

即便我们在逻辑上、理论上认识到这一点，甚至有一缕领悟的光渗透到头脑的无尽黑暗中，但是，每个人都有自尊心，也许会成为我们真正体验这个事实的障碍。显然，头脑中理解一件事情与体验是完全不同的，而且只有真实的体验才会使我们采取行动。

我们的思考是机械式的，我们停止了思考或者停止了深入的思考，我们的头脑失去了敏感性。关于这个认识，如果我们只停留在文字和语言上的理解，那么，我们只会说："这个说法是对的，我同意。"但是，**说完以后也许我们什么也没有做，然后就什么也没有发生。**

如果某一天我们突然意识到在遇到各种问题时，我们总是用同样的背景资料、观点、看法进行思考，我们从来没有质疑过头脑中的这些背景资料、观点、看法是否正确，那么，我们的头脑就会自动、立即地采取行动。就好像我们突然看到前面冲向自己的一辆汽车时，会马上下意识地躲开一样。这种行动不需要推理、准备、思考，它是自发、迅速的。这才是真正的行动，这种行动才能带来彻底的变化。

因此，真正地领悟到我们自己的思考是机械式的，我们不习惯深入地思考问题，我们甚至会停止思考，我们的头脑失去了敏感性，这时我们才会真的采取行动。这种行动不仅是头脑上的彻底改变，同时也体现在日常生活和工作中。当我们再遇到问题时，不管是什么样的问题，我们的头脑都会自发地持续追问下去，不再仅仅停留于问题的表面现象，直至追问到问题的本质。

问题的现象和问题的本质只是我们在此讨论的方便之说，经过彻底改变后的头脑在面对各种问题时，不会刻意区分问题的现象和本质，它只会从问题的起始一直追问下去，或者，一直思考下去，直到自己认为看到问题的本质为止。因此，我们在解决问题时的重点并不是区分什么是问题的现象，什么又是问题的本质，而是要像针刺一样向问题的深处不断地提出问题。

我们的头脑能够像针刺一样进行思考吗？当我们在面对问题时，是否有像针刺一样的思考习惯呢？下面让我们看看头脑是如何像针一样刺破问题的现象。

宝洁公司、可口可乐公司等大型消费品制造商在与大型零售商合作过程中，为了使自己对消费者需求的理解能够被那些大型零售商所接受，开发出一种新型的合作方法——品类管理。品类管理是指消费品制造商和零售商以品类为业务单元的管理流程，通过消费者研究，以数据为基础，对一个品类做出以消费者为中心的决策思维。品类是指消费者认为相关且可相互替代的一组特殊商品或服务，比如，牙膏品类、洗发水品类、文具品类、内衣品类等。

假设我们只是初次听说品类管理，对品类管理的了解仅限于上面一段对品类管理的定义。作为一个品类管理的外行，我们的头脑紧紧跟随下面一段关于品类管理的对话，在回答者像针刺一样的问题一路追问下，我们是否也能够与品类管理专家一样，帮助提问者做出正确的决策。

问：我们公司刚刚组建了一个专门针对零售商的营销部门，由我来负责，但是我对这个部门要做什么没有把握。你认为我们这个部门应该做哪些工作呢？

答：显然，这个部门是围绕零售商工作的。我觉得可以做一些这样的工作，比如，帮助零售商做顾客购买行为的调查；做品类管理项目；持续分析与零售商合作的生意数据，以帮助销售部门与零售商的年度合同谈判、商业回顾等工作；协助公司的新产品进店；开发适合各个零售商的促销方案，并协助市场部策划的促销方案在零售商门店中的实施；等等。

问：这些工作内容有的我也想到了。但是，我们公司恐怕做不了品类管理项目，因为在我们的分类中，有两家美国的世界500强企业，零售商一般都是找他们做品类管理项目。

答：确实，那些大型的零售商，比如，家乐福、沃尔玛、物美、华润，必然会找品类中数一数二的供应商做品类管理项目。但是，你们公司为什么不帮助那些区域性的零售商做品类管理项目呢？他们的门店数量虽然不是很多，但是，他们在各自的省份或地区内都有很高的市场份额。那些世界500强的消费品企业，恐怕还没有精力为全国众多的区域性超市做品类管理项目。

问：我们公司的产品线只是属于此大品类中一个很小的细分品类，我们的品牌仅仅是在此品类中的一个角落中排名第一，而且，我们公司的单品数量也不多，因此，如果帮助零售商做品类管理项目，我们公司也不会在货架空间上得到多少好处啊！

答：难道供应商为零售商做品类管理项目，仅仅是为了增加自己的货架空间、获得更好的陈列位置，以及进入超市更多的单品数量吗？

问：我们公司花钱做完品类管理项目之后，总不能让那两家世界500强企业在货架空间、陈列位置和进店单品数量上比我们获得还多的好处吧？

答：我们换一个角度讨论这个问题。假设你们公司帮助某家区域性零售商做了品类管理项目，而且，你们的品类改善建议是完全正确的，是符合当地顾客购买需求的，零售商也接受并实施了你们的品类改善建议。我们继续假设，出于对顾客购买需求的理解，在品类改善建议中，你们的产品增加了货架空间并得到更好的陈列位置，同时，那两家世界500强企业中一家的产品，也增加了货架空间并得到更好的陈列位置。

继续假设。

由于品类改善建议是符合当地顾客购买需求的，因此，这家超市在这个品类中就更好地满足了顾客的购买需求。不久以后，原来就在这家超市中购买此品类商品的顾客，开始购买此品类中更多数量的商品，而且更频繁地购买；原来那些在这家超市中购物，但是很少购买或者从来不购买此品类中的商品的顾客，也开始在这家超市中购买此品类中的商品。

甚至还有一种可能性，由于顾客之间的口碑宣传，吸引了一些原来不来这家超市购物的顾客前来购物，当然，他们首先会购买此品类中的商品。现在我们就清楚了，由于我们的品类改善建议，为这个品类乃至为这家超市吸引了更多的顾客，并增加了顾客的购买频率，因此，这个品类中所有的供应商的产品的销量都会提升。

当然，此品类中单品数量更多、货架空间更大、陈列位置更好的供应商受益会更大，那么，你们公司在你们所在的小品类中受益是最大的。而且，由于你们公司的品类改善建议提高了整个品类的销量和毛利，这家超市必然会对你们公司心存感激，并对你们的能力有了更强的信心，那么，他们当然愿意为你们公司提供更多的支持。

问：你说的有道理，看来帮助区域性零售商做品类管理项目是可以考虑的。

答：接下来的问题是，如何开发出一种针对区域性超市、投资更少的简化的品类管理模式，这才是我们应该投入精力认真讨论的问题。

问：是啊，我们最应该考虑的不是做不做品类管理的问题，而是为谁做品类管理，以及如何开发简化的品类管理方式的问题。

这个虚拟的对话结束了。提问者的思考首先停留在他自己一个固有的认识上，即只有品类中最大的两家供应商才能做品类管理项目，这使他停止了思考。接下来，提问者的思考又停留在另外一个认识上，他认为如果供应商的产品只是局限在某个品类中的一个小分类中，即便这些产品是这个小分类中的第一品牌，也不适合做品类管理项目。

我们是否感觉到，并不是回答者在品类管理方面的专业知识，使他帮助提问者得到一个全新的结论，而仅仅是由于他具有像针刺一样的思考习惯，引导提问者一步步突破了自己头脑的局限，直至看到问题的本质。我们看到，在上面的对话中，回答者实际上变为提问者，而提问者则变为回答者。

我们在内心深处是否真的想看到问题的本质呢？

我们是否感到没必要费力气像针刺一样穿透问题的层层表象呢？

我们是否觉得有些事情做得差不多就行了，没必要那么认真？

我们是否觉得让头脑轻轻松松地思考、甚至不思考是一种享受呢？

我们在遇到问题时是否经常以“难得糊涂”为座右铭呢？

在面对各种问题时，我们真的是这么想的吗？

有鉴于此，我们不得不再次谈到与人的品质有关的问题。如果你对以上这些问题的回答都是“不”，那么，我们就可以继续讨论下去。当我们的头脑是懒惰的，我们信奉的是“难得糊涂”和“玩世不恭”，我们的口头语是“差不离儿就行”，我们的行为都是马马虎虎的，我们做事都是浮皮潦草、吊儿郎当的，我们能看到问题的本质吗？在这种情况下，即便思考之针就放在手边，我们也许懒得花费力气拿起它并刺向问题的深处。

为了看透问题的本质，看到问题本身而不被问题的现象所迷惑，我们必须是认真的，我们必须是一个认真的人。如果我们真的是一个认真的人，那么，我们就认真、耐心地看看“认真”一词的真实内涵是什么。在此不妨做个头脑试验，就让我们一起像针刺一样地思考“认真”的内涵到底是什么，认真的内涵真的是我们平时头脑中认为的意思吗？

也许我们每个人的头脑中都知道“认真”的含义，但是，用语言表达出来却不太容易。当别人问起什么是“认真”时，也许头脑中的第一反应是“认真就是认真嘛”，其实这就表明也许我们平时真的没有想过“认真”的具体含义是什么。有时，从理解英文中对应的单词的解释入手是一个不错的方法，“conscientious”一词与“认真”是最接近的，它的意思是“有责任心的，本着良心的，负责的；不马虎，以严肃的态度或心情对待。”

不知你是否同意，这是一个多么好的解释。如果我们是一个认真的人，那么我们就是一个有责任心、有良心、严肃的人；如果我们做事认真，那么，就意味着我们会以严肃、负责任的心态去做事。也就是说，我们不会昧着良心做事，我们不会马马虎虎地做事，我们不会在工作中混日子。

让我们想一想，如果我们真是一个如此认真的人，当我们面对各种问题时，我们会怎么做呢？我们必然会对问题刨根问底，我们必然会多问几个为什么，我们必然会不搞明白问题不罢休，我们必将打破砂锅问到底。

请注意，这不是一个结论，当然也不是一个推理过程，因此也没有什么逻辑关系可言，这只是一个事实，就如雪山是白色的一样。

事实不是分析出来的，而是观察到的，你看到了吗？

如果真的看到了以后会发生什么？

我们马上就变成一个认真的人了，不是吗？

既然我们是一个认真的人，我们能够认真地面对自己的内心吗？

我们能够对自己负责任吗？

我们能够随时正视自己的良心吗？

良知本来就存在于我们每个人的心中，我们只需去正视它、承认它。

当我们说："我认识到自己的头脑一直是在机械式地运作，而且，我要养成像针刺一样的思考习惯"时，我们是认真的吗？我们是本着良心、严肃、负责任地说出这句话吗？

思考习惯三：随时指出“这不是同一个问题”

一、是谁在问这些问题

天空一片灰暗，树叶在风中颤抖。每天都有几只猫独自从屋顶走过去，它们是如此地警觉，但是它们从来没有看到透过玻璃窗观察它们的我。另外，还有一只黑色的猫总是在通向小区大门口的垃圾堆中寻找着什么，它就像披着黑色缎子一样，纯黑而乌亮，它也许不知道它的皮毛是多么地美丽。

在晚上，我经常在那里看到它，它乌黑的毛色完全融入黑夜中，只剩下黄色的眼睛在黑暗中熠熠发光，警觉地观察着路过的人们，其实它不知道，人们也许更加害怕它，因为它的眼中透露着诡异和灵气，它绝对不是一只普通的猫。

这几天麻雀特别多，它们不时飞到对面的屋顶上，或者飞落在窗外的地上。它们都长得很胖，毛色光亮，那是一种干净的浅灰色，完全不是我印象中的土黄色。在看到麻雀的同时，我也看到了在自己内心同时升起的念头。在眼睛看到麻雀的瞬间，我在头脑中马上确认这是几只麻雀；然后，我对突然落下的麻雀感到一丝惊讶，几个月以来，我从来没有在窗外的院子中看到过它们。

接下来，我在想，为什么现在突然出现麻雀呢？

我猜测是因为天气冷，但是为什么天气冷了，它们就出现了呢？

我内心在说我不知道。我的心中又出现了一个念头，这些麻雀怎么这么胖呢？我自己回答道：也许附近扔掉的垃圾多，所以它们的食物多。然后，我注意到它们的羽毛是浅灰色的，我很诧异，因为以前我看到的麻雀都是土黄色的，我接下来猜想，一定是品种不同，我以前看到的都是在北方生活的麻雀。

这不是有意的观察，也不是有目的的推理，这仅仅是我的眼睛在看到麻雀后的一连串念头，所有这些念头都发生在一瞬间，我认为自己并没有刻意地思考这些内容，我也不想浪费时间考虑这些没用的问题。但是，**我无法控制思想的活动，它们是在自动运作。我感到很奇怪，思想是我的，它们是我想出来的，为什么我却无法控制它们呢？它们怎么不能在我的控制下停止和产生呢？**

所有这些念头都是对眼睛看到麻雀之后的反应，这种反应不仅是自发的、不受自我控制的，而且，它们的内容都是已知的经验和知识。我知道这种鸟叫作“麻雀”；我知道它们在冬天寻找食物很困难，我住在上海，知道上海人口众多，人们生活比较富裕，所以垃圾中可以让麻雀吃的食物肯定很多；我在北方见过很多麻雀，知道它们一般是较瘦的，羽毛是土黄色的；常识告诉我，北方与上海气候差异很大，因此即便是相同的植物或动物，也许其品种会有差异。

显然，以上这些内容是我过去积累的经验和知识，没有一丝一毫是全新的东西，但是那几只肥胖的、浅灰色的麻雀对我来说却是崭新的事物。如果我们这种自动的反应就是思想的全部，换句话说，如果我们的思想全部是由这些自动的反应构成的，那么，我们所有的思想都是陈旧的。有意识的思考仍然是陈旧的，因为它所用的素材和思考的方式都是陈旧的。头脑以机械式的思考习惯，用陈旧的经验和知识进行思考，这种活动的整体不仍然是陈旧的吗？

接下来的问题是，**如果思想是陈旧的，那么，思想还能够创新吗？**

思想有创新的能力吗？

创新会在思想中产生吗？

从陈旧的东西中怎么能产生崭新的事物呢？

陈旧的东西仅能产生陈旧的事物，崭新的事物仅能从崭新的东西中产生，不是吗？

我们能找到反例吗？

如果思想无法创新，它们根本不能带来新的东西，那么，创新来自哪里呢？

凡·高的灵感来自哪里？

牛顿被苹果砸到的同时，灵感来自哪里？

爱因斯坦的相对论思想来自哪里？

贝多芬的音乐灵感来自哪里？

老子的“无为”思想来自哪里？

不管我们是从事什么行业的，灵感为什么没有经常光临我们的头脑呢？

是谁在问这些问题呢？

是思想在问吗？

是我的思想在问吗？

我与我的思想是什么关系呢？

这些问题是不是也是思想呢？

还是它们存在于思想之外呢？

我们不能提及答案，因为所有的结论都是思想，而所有的思想都是陈旧的，我们为什么要认同陈旧的答案呢？

二、重视问题本身

窗外寒风又起，但是天气却非常晴朗。抬头仔细看看，发现云彩越来越多，它们大多数都是非常细碎地分布在天空，也有些像山峰一样峻峭的大块云彩。在北风的吹动下，它们从西北方向快速地向东南方向飘动，作为一个个的云彩个体，它们慢慢地消失在我的视线中，不过，新的云彩又源源不断地飘过来，有时后面的云彩还没有跟过来，天空中就看不到一片云彩。

看着这些快速飘过的云彩，我的头脑出现一种眩晕的感觉。突然间我意识到，在我的心中是在静止地看着云彩渐渐地远离我而去，当我用移动的心去跟踪那些飘动的云彩时，我感受到它们变成静止的了。看着某一片云彩及这片云彩的飘动，我的头脑迷惑了。在看到这片云彩的刹那间，我的头脑不易察觉地将看到的这片云彩转变成云彩的飘动。在这个瞬间，我只看到“这片云彩在飘动”，而看不到“这片云彩”了，我的注意力全部集中到“云彩在飘动”上，反而看不到那片飘动的“云彩”了。

我不知是否表达清楚，在我们的注意力之下，“那片云彩在飘动”与“那片在飘动的云彩”。本身是两件不同的事情，当我们将注意力集中在“那片云彩在飘动”时，我们就看不到“那片云彩”的本身。也许，我们会分出一小部分的注意力给那片云彩本身，但是，我们在一部分注意力之下，只能看到那片云彩的一部分。我们经常会体验到那种状态，我们好像是在看、在听、在读，但是在心中却并没有注意到看、听、读的内容，这就是“熟视无睹”“充耳不闻”。

本来，“那片云彩在飘动”与“那片云彩”两者之间并没有什么分别，问题在于我们的头脑。如果我们的头脑长期将这两者混为一谈，不能有意识、明确地加以区分，那么，久而久之，我们的头脑将会形成一种思考习惯，即再也不区分这两者之间的区别。更为严重的是，从此以后，我们的头脑只能习惯性地注意到“那片云彩在飘动”，而再也看不到“那片云彩”本身，至少看不到“那片云彩”的全部。

我们可以永远不看云彩，当然也就看不到云彩在飘动，这对我们的生活没有任何影响。但是，当我们深入思考的内部，探究我们头脑中的思考习惯时，这就成为一件非常重要的事情。**我们的思考习惯决定了我们怎么看待周围的一切**，包括我们的人生，我们也许应该重新审视“人的命，天注定”这个观点，如果我们换一种看待人生的方式，那么，人生就会发生改变。

这不是一个观点，而是一个事实。

验证事实的方法只有一个，那就是亲自去体验。

假设我们从认为人的命运是由上天决定的，转变为人的命运是决定自己对人生的看法时，看看我们的人生是否发生了改变，看看我们的人生是否随着自己对人生的看法的变化而变化。

我们再回到思考的内部，“那片云彩”象征着问题或事物的本身，而“那片云彩在飘动”象征着问题或事物本身的变化状态，它是云彩这个事物的一个属性。让我们一起看看自己头脑中的思考方式吧！当我们面临某个问题时，实际上在那一瞬间存在的只是问题本身，并没有其他的。接下来，思想就会快速地插入进来并说道：“那些云彩在飘动，它们飘得很快啊。”再接下来思想又说：“它们很好看啊，我喜欢，它们让我心旷神怡。”

在我们接触到任何事物后的一瞬间，思想就把我们快速地带离了事物本身，而转移到事物的某些属性和状态中。其中，最容易产生的一个思想就是：“当前这个问题确实不太好，所以我们需要马上改善。”或者是：“现在是好的，所以我要努力维持现状，千万不能有变化。”总之，在遇到任何问题时，思想总是率先加入自己对这些问题的判断，这些判断的出发点是以自己为中心的个人利益、团体利益。然后，“应该努力改善现状”和“应该努力维持现状”的思想就掩盖了问题本身，它们夺取了我们的注意力。

是不是这样？现在，我们看到自己头脑中的这个思考习惯了吗？在遇到问题时，我们的思想总是会不自觉地陷入这种习惯性的两段论中，使这些思想覆盖了问题本身。我们再重复一次，当面对问题时，我们的头脑就会自动地在问题表面穿上两层思想的衣服。第一层衣服是说“现在不好”和“现在很好”的思想，第二层衣服是说“应该努力改变现状”和“努力维持现状”的思想。

此时，如果我们正在观察自己头脑中的思想，观察我们在面对问题时思想的反应，我们就会自发地问这样的问题：

为什么在遇到问题的瞬间，我们的头脑总是会说“很好”或者“不好”呢？

头脑说“很好”或者“不好”，对我们来说，是“很好”还是“不好”呢？

这是我们人类头脑的天性，还是由后天养成的习惯呢？

头脑是否不再说“很好”或者“不好”，而直接地看着问题呢？

有什么方法能够阻止头脑再说“很好”或者“不好”呢？

我们是否现在就做一个尝试，也许是一个大胆而出乎意料的举措。我们是否不依赖任何人、任何书籍、任何理念，以及我们原有的经验和观点，而独立地寻找到这些答案呢？在尝试之前，我们需要做一件事情，认真地观察自己的头脑，发现自己头脑中已经存在的关于这些问题的观点。然后，头脑突然意识到我们真的受到很多观点束缚，不仅在口头上而且在思想上我们认为自己也受到束缚。

就在此时，如果在我们的心中升起一种深沉的孤独感，那种不能依靠任何人、任何事物的孤独感，那种只能自己去面对问题的孤独感，我们就有了一种探索问题的内在力量，就像面临危险时下意识地要逃避一样。然后，探索之旅就真正开始了。就让我们一起开始探索吧！

在遇到问题时，我们的头脑迅速而不由自主地为问题穿上了两件思想的衣服，然后，我们就只能看到穿着衣服的问题。而且，我们看到的是最外面的一层衣服，它就是那个喊叫着"应该努力改善现状"或者"努力维持现状"的思想。久而久之，我们的头脑就无法有意识、清晰地看到问题本身与两件思想衣服之间的区别，最终，我们的头脑会认为第二件思想衣服就是问题本身，我们完全忘记了真正的问题。

第二件思想衣服创造出一个努力的方向、一个目标、一个理想，以及一个达到目标的解决方案，也许正是这些给予我们存在的意义，否则我们为什么而活着呢？

但是，**此时我们是否突然意识到，这些所谓的人生意义、价值都是建立在虚幻的思想基础之上的呢？**

是这些思想逼迫着我们远离问题本身，走向一种奋斗、痛苦的一生，难道我们只有在痛苦和烦恼中才能生活吗？

第二件衣服淹没了问题本身，此时，我们的注意力、热情都投入到目标、理想和解决方案中，只能给问题本身留下少许，甚至丝毫不留。显然，失去关注和热情的问题本身被搁置和忽略，它们因为缺少关注的能量而在我们的心中慢慢变得枯萎。它们会在我们的心中死去，作为代价，我们永远无法发现问题本身，也就是永远无法从根本上解决问题。

我们是否现在就观察自己头脑中的思想，在平时的生活和工作中面对问题时，我们想出来的各种解决问题的方法是来自看到问题本身，还是来自对未来的目标、理想的向往呢？

但是，脱离了问题本身的解决方案能够解决这个问题吗？

以目标和理想为出发点而制订的解决方案，不就是一座空中楼阁吗？

三、随时随地了解自己的内心世界

让我们一起重温一下《寒号鸟》的故事。

山脚下有一堵石崖，崖上有一道缝，寒号鸟就把这道缝当作自己的窝。石崖前面有一条河，河边有一棵大杨树，杨树上住着喜鹊。寒号鸟和喜鹊面对面住着，成了邻居。

几阵秋风，树叶落尽，冬天快要到了。

有一天，天气晴朗。喜鹊一早飞出去，东寻西找，衔回来一些枯枝，就忙着垒巢，准备过冬。寒号鸟却整天飞出去玩，累了回来睡觉。喜鹊说："寒号鸟，别睡觉了，天气这么好，赶快垒窝吧。"寒号鸟不听劝告，躺在崖缝里对喜鹊说："你不要吵，太阳这么好，正好睡觉。"

冬天说到就到了，寒风呼呼地刮着。喜鹊住在温暖的窝里。寒号鸟在崖缝里冻得直打哆嗦，悲哀地叫着：“哆罗罗，哆罗罗，寒风冻死我，明天就垒窝。”

寒号鸟在崖缝中备受寒冷的煎熬时，它在心中一定是这么想的：“现在真是太冷了，如果能使自己暖和就好了，垒了窝就暖和了，那么，我明天就垒窝。”然后，它就在寒冷的崖缝中，不断地想象着垒了窝以后暖和的情景。并且，每当寒冷难挨时，就再次想到“明天就垒窝”。寒号鸟的注意力被自己转移到垒窝的想象中，分散了对寒冷的感觉，它也许感到不是那么冷了，但是，在真实的世界中，寒冷并没有减弱对寒号鸟的攻击。

寒号鸟在对未来的想象中，也许确实减少了寒冷的感受，但是，这只是头脑被转移了注意力后思想的缺失造成的。也就是说，寒号鸟的身体依然感觉到寒冷，但是由于注意力转移了，它的思想就会间断性地忘记寒冷。由于思想或者念头是一个接一个产生的，我们的头脑中不能同时产生两个念头，因此，当头脑中出现的是明天垒窝的想象时，对寒冷的念头就消失了。然后，当身体的寒冷再次传递给头脑时，寒冷的念头又产生了，寒号鸟就感到寒冷的煎熬。

整个晚上，寒号鸟就是在寒冷和垒窝的念头的转换中度过的，显然，它没有完整地体验到寒冷，因为它的思想总是逃避在想象中。那么，在这个晚上，寒冷就不会给寒号鸟留下深刻的印象，即那种冻得要死的印象，这个印象被垒窝的想象给稀释了。到了第二天，当寒号鸟沐浴在温暖的阳光中时，由于在它的头脑中并没有对昨夜的寒冷形成深刻的印象，就是那种冻得要死的印象，它垒窝的理想也就失去了实施的动力，而温暖的阳光则彻底融化了它的理想。

最后，寒号鸟被冻死了。

小岛上的天气明显比上海冷。不过，它们是不一样的冷，小岛上是一种清清的冷，干净的冷，在这种冷里面没有掺杂任何杂质，似乎使人能够感觉到冷的本质。思想没有被冻住，依旧保持着活力。声音好像凝固了，一天之中几乎听不到什么明显的声音，除了有几声鸟叫，以及偶然路过汽车的声音。间或听到有人说话的声音，但是明明看到那说话人的距离很远，其声音却如同在耳旁响起。

虽然天气很冷，但是小岛上依然满眼的翠绿，看不到一丝枯黄的征兆。在小岛上看到的各种颜色都变得分外鲜明，不要说那翠艳欲滴的绿色了，连那墙皮斑斑剥落的白墙，那种陈旧感都显得如此地真实，是啊，陈旧的真实，没有丝毫做作。

窗外的远山层层叠叠，连绵不断。距离最近的小山也不过几百米吧，可以清楚地看到山上星星点点裸露出来的白色岩石，以及人工整理出来的一片片的黄色土地，它们被浓浓的绿色包围着。山上没有高大的树木，因为这里有种植茶叶的传统，茶树和各种果树相互掺杂着布满了山坡。再稍微向远处看，在那些山上看不到一片岩石和土地，满眼都是绿色。再向远处眺望，那些山变为铅灰色，除了连绵不断的铅灰色的线条之外，什么也没有了。

在前面我们说到，与上海相比小岛上显得更加安静和纯洁。我们说的是一种客观的事实，还是带着自己的情感、好恶、知识等印象在比较呢？

同样的，当我们在读这段文字时，是带着透明、清净之心，还是带着自己的情感、好恶、知识等印象在读呢？

当读到这段文字时，如果我们是上海人，会有什么感受呢？

如果我们是在小岛上生活的人，又会有什么感受呢？

如果我们既非上海人，也非在小岛上生活的人，又会有什么感受呢？

这是一些无聊的问题吗？

也许我们认为这是人之常情，我们平时不都这样看问题的吗？

谁又能不带一丝一毫的个人印象而完全客观地看问题呢？

有了自己的观点难道不对吗？

我们学习、成长不就是为了具备更多的知识吗？

而我们所具备的知识不就是我们看待问题的观点吗？难道让我们变得愚昧无知吗？

外在的知识当然需要，否则我们就无法生活。但是，我们是否注意过自己在生活中所积累或学习的内在知识？

这里所说的内在知识是指对自己的认识。

我们了解自己吗？

我们了解自己多少呢？

了解自己不仅仅是指“了解自己是谁”这个问题，而是指我们是否了解自己的内心世界，以及了解我们内心世界的程度。

这不是心理学的范畴，与心理学无关。心理学重视研究和分析人或动物的心理活动的规律，这里所说的“了解自己”是指每个人对自己的了解，这种了解完全是个人化的，因此，也就没有什么规律可言。

除了了解自己是谁之外，我们还要了解自己一些什么呢？

也许我们还需要了解：

在某个问题上，我们为什么持某一种特定的观点，而不是其他的观点？

在遇到某件事情时，我们为什么会在内心升起嫉妒、羡慕、愤怒、惭愧、伤感、无奈、自豪、自卑、厌恶等情绪，而其他人可能不会？

在某个时候，我们为什么采取某种行动，而不是另外一种行动？等等。

只有在我们了解自己之后，我们才能说，我对此问题没有抱有偏见。或者说，我确实在我的立场上看待这个问题。如果我们了解自己是站在什么角度、背景、知识、情绪上看待问题，那么，在这一瞬间，我们也就能够超越自己的观点而客观地看待问题。然后，我们不仅能够更加理解别人的观点，更为关键的是，我们可以看到这个问题的本质，因为我们是在剥离了自己的观点之后看问题。

当我们没有带任何个人印象在看问题时，我们看到了问题的本质，同时，我们也看到了其他人的局限，因为他们仍然陷入在自己的个人印象中看问题。

我们怎么办呢？

我们是否应该试图向他们解释这个问题的本质是什么？

然后，试图说服他们改变观点呢？

或者我们试图站在别人的立场上看待这个问题呢？

这是某种妥协的行为吗？还是我们在此问题上保持沉默呢？

这也许意味着我们对他人不负责任，明哲保身。

也许，我们首要的任务是更加充分地了解自己，更加准确地说，应该是随时随地地了解自己，这就是完全地了解自己。如果我们真的决定要展开了解自己的道路，要展开学习内在知识的道路，我们所说的这一切就绝对不是理论。只是在头脑中理解和认同是不会带来任何真正的改变，只有在真实的生活和工作中去了解自己的内心世界，才能增长自己的内在知识。

我们认识到问题的发展状态并不是问题本身，这就是内在的知识，因为这是每个人内心世界中的内容。任何人告诉我们说：“你把问题本身与问题的发展状态混为一谈了”，这句话对我们来说没有任何意义。如果这句话是权威、老师、长辈、受尊重的朋友、上级领导等说的，我们也许会在理智上承认他们。但是，他们所说的话都是我们内心之外的，只有当自己的内心分别看到了什么是问题本身、什么是问题的发展状态时，才能真正地将这两者分开，永远不会再混淆。在这一瞬间，我们获得了一个新的内在知识。这是谁也无法教给我们的。

那么，我们以内在的眼光来看我们自己，继续进行探讨，以获得更多的内在知识。其实，在日常生活与工作中，我们还很容易将问题与问题的性质、功能、特点、条件、原则、意义、重要性、弊端和危害、效果、难度、可能性等混为一谈。不要在头脑中使用理性和逻辑分析，而是将全部的热情、注意力放在下面这些例子中，也许我们就会得到自己的内在知识。不存在同意与不同意，当然也不是说要全然的接受，而是超越了同意与不同意的二元对立，那么，我们看到的就是事实本身，因为事实本身没有对错之分。

问者说："你说这家企业在近十年间管理水平大幅度下降了，有什么依据吗？"

答者说："比如，有一个最明显的现象，这家企业在十年前，其中低层管理岗位上都是外籍人士，而现在，很多高层管理岗位都已经用本土人才了。当然，不是说本土人才的能力低于外籍人士，而是说在一般情况下，从国外派过来的外籍人士都有着丰富的本行业管理经验。"

问者急忙插话说："但是他们不得不进行本土化啊！否则成本很高……"

我们现在看得很清楚吧？

这家企业在十年间由外籍人士管理，改变为由本土人才管理，这是这家企业管理下降的一个表现。这是问者和答者两人讨论的问题，而"外资企业必须转变为使用本土人才"这是另外一个问题。

显然，问者在讨论问题的过程中跑题了，他的思维从原来的问题脱离出来，跑到另外一个问题上。如果答者跟着回答他提出的新问题，也许他们再也回不到原来那个问题上。

本来以本土人才为主并不会必然导致管理水平的下降。但是，这个问题恰恰是问者应该继续追问的。因为这个问题才是搞清楚原来那个问题的第一步，如果继续追问下去，问者必将会得到令他满意的答案。

赵先生说：“我们的企业现在还是‘作坊式’管理模式，几乎所有的管理过程都是依靠感觉，决策时也大都是靠‘拍脑袋’决定的。”钱先生说：“是啊，这是很多中小企业的通病，我们应该尽快向外资企业学习其系统化的管理，尤其是需要建立一套数据收集和分析系统。”钱先生话音未落，赵先生快速地说道：“这不可能，我们做不到，我们是小企业。”

不管我们对这个管理方面的问题有什么自己的看法，请暂时放弃它们，只有这样做我们才能看到他们讨论的真相，而不是自己的观点。在上面的对话过程中，赵先生显然跑题了，“要不要建立数据系统”与“某个企业不可能建立数据系统”是完全不同的两件事情。后面这个问题的本质是“我们这样的企业是否有能力建立起数据系统”，而赵先生的回答是“不可能”。

赵先生的思路跑得太快了，他还没有讨论建立数据系统对他的企业到底有多重要，所谓的数据系统到底是什么样的，都有哪些形式或模式，需要投资多少钱，应用起来是否复杂，是否需要专业人员维护，是否与他的企业规模相当的企业已经在使用，是否有成功的例子，等等，就匆匆下了结论，而且结论是“不可能”。显然，他的结论下得太早了，也许断送了他的企业提升的机会。

没有人阻挡他，也不一定是资金和技术在阻碍他，是他的思维方式限制了他。如果他的头脑非常清楚，即便心中涌现出“我们做不到”这个念头，他也很清楚这个念头与刚才讨论的问题是两个不同的问题，那么他就不会把这个念头说出来，而是会自发地追问前面那些问题。而这些问题得到澄清之后，他的结论自然就会出现，可以确信，这个结论往往是最合乎真实的。

这只是一个例子，我们不能将头脑陷入其中。当我们在想：“我同意赵先生的观点，我认为国内的小型企业确实没必要建立数据系统”，说明我们已经陷入例子中了。事物的对错不是我们的头脑想出来的，到底应该怎么做是一个客观存在的事实，我们要做的是清空自己头脑中的各种观点和意见，用内心直接去看那个一直存在的事实。

四、观察是随时随地的

孩子期末考试成绩不好，家长很着急。然后给孩子讲道：“学习成绩对你的未来太重要了，只要有好的学习成绩，才能考上好大学，然后才能找到更好的工作。否则，你长大了就只能干体力活，不仅很累，而且挣钱少。”家长所说的都是肺腑之言，希望通过对孩子说明学习与他的未来的利害关系，促使孩子奋发学习。

但是，家长如果每次只是讲这些内容，说明在他的头脑中早已将“孩子的学习成绩太差、需要改善”这个问题，与“学习成绩好了以后的意义及学习不好的后果”混淆了。问题的意义和后果并不是这个问题本身。在这种情况下，强调学习的意义和后果成为这位家长唯一的手段。但是，如果他紧紧抓住问题本身不放，他就会自然地想到：

孩子的学习成绩为什么不好？

导致他学习不好的根本原因是什么？

应该怎么做才能帮助孩子提高学习成绩呢？

经过这些思考之后，这位家长肯定会想出很多的方法来帮助孩子，而不仅仅是强调学习的重要性了。这与专业知识无关，它们来自我们的内在知识。

假设一个人从来没有见过火，因此他就问："什么是火呢?"我们可能会这么回答："火是发光的，就像太阳那么亮；火可以发热，将其他东西点燃，你要离它远一些，否则会被烧伤；火对我们人类很重要，火可以把食物烤熟，它让我们吃上了熟的食物；水是火的克星，火遇到水就会被熄灭；火是可以从两个物体之间的摩擦产生的，等等"。字典上标准的解释是"火是物质燃烧过程中散发出光和热的现象，是能量释放的一种方式。"

其实，我们很清楚，我们所说的这一切都不是火本身，那些只是火的性质、功能、现象、特点、条件、原则、意义、重要性、弊端和危害等。当然，用语言恐怕难以表达出火本身是什么。在《说文解字》中也只能怎么说："火，毁也。南方之行，炎而上。"显然，"毁"是指火的功能，"南方之行"和"炎而上"是说火的属性、性质、表现等。它们都不是火本身。

如果在我们的头脑深处，清楚地知道火本身与火的性质、功能、作用等是不同的两件事情，那么，我们的回答也许是：

“跟我走，我指给你看。”如果只能用语言来表达，至少我们可以这么做，在讲完所有的有关“火”的解释后，最后一定要补上一句话：“我刚才所说的都不是火本身，它们只是火的属性、性质、功能等，如果你要了解火本身到底是什么，你只有亲自看见火。”

用语言表达出自己感受、见到的东西确实非常困难，不管表达能力多么高超，语言永远不是语言所指代的对象，关于这个问题我们会在后面继续讨论。此时我们是否感觉到，本来人类的语言就不可能将事物表达如同它自身一样地清晰、准确，如果在自己的头脑中，将一个问题本身与这个问题的性质、属性、功能等混为一谈，那么，我们就会无意识地将问题的性质、属性等当作问题本身告诉别人，或者与别人进行争论。

这是一种很可怕的状况，因为我们认为自己是对的，但是实际上我们是错的。**在日常的生活与工作中，我们的一言一行以及每个思想、观点和念头，有多少是将问题的性质、属性等当作问题本身，而我们自己又不知道呢？**

岛上非常安静。行人三三两两缓缓地走过，远处的群山静静地站立着，在小雨中时隐时现，在一片绿色之中夹杂着红黄叶子的树木在风中摇晃。整个小岛就像是一件刚刚被洗过的旧衣服，虽然有些陈旧，但是却干净得一尘不染。岛上的草莓成熟了，在街上到处都是卖草莓的人。她们都是中年妇女，脸色黝黑、皮肤干燥，穿着灰蓝色的粗布衣服。显然，她们的形象在告诉路人，她们卖的草莓就是她们自己种植的。

刚才我原本写的是“岛上太安静了”，在写下这几个字的同时，我观察到在那一瞬间自己的内心活动。“太”这个字包含着比较，它意味着比一般的安静还要安静。而且，与“非常”这个词比较起来，“太’还包含着某种情绪，它可以表达两种完全相反的情绪。它既可以反映内心对过分安静的埋怨，也可以表达出对超出想象安静的欣喜和自豪。

当我说“太安静”或者内心升起这个念头时，我已经不能体验安静了，至少不能完全地体验了，因为我被内心的比较分心了。我当然不能控制比较的发生，但是，我可以观察到这个念头。观察到这些念头之后会怎么样呢？会发生什么呢？还是什么也不会发生呢？

如果我们自己不试着去观察，就只能等待别人给出答案。

但是，我们怎么知道别人说的答案是正确的呢？

我们心中某个观点的转变是被别人说服的吗？

我们接受别人的观点是因为别人的观点是正确的吗？

我们对此是否注意过或者留下过深刻的印象？

我们的观点都是来自自己的某种思维模式，它们是在我们意识不到的情况下自动运作的，它们由过去的经历、教育、家庭背景、宗教、职业、文化传统等组成。

因此，只有某个人触动了我们的思维模式，在那一刻使我们认识到自己是如何得出结论和观点的，此时我们就会马上接受对方的观点。被别人触动了自己的思维模式深处是偶然的，在没有人提醒时，我们为什么不进行观察呢？**这种观察是随时随地的，与别人无关，是必须由我们自己走的一条道路。**

当我们看到了自己的内心，看到了各种念头和思维模式，变化不就即刻发生了吗？这是瞬间的转变，也是革命性的转变，我们将否定自己以前的看法、观点。这不是一个逻辑推理的结论，这是一个看到的事实，只有我们自己去尝试，才能得到最终的验证。关键是我们愿意不愿意这么做。

问题的所有属性、性质、功能、意义、发展趋势等组合在一起，仍然无法构成问题本身，问题就是问题本身。因此，为了有效地解决问题，我们必须时刻分清楚问题本身及其属性、性质等。

我们怎么才能做到呢？

头脑中的思想不像物质性的东西那么容易分辨。眼睛看见了某个物体，那个物体被眼睛看到了，眼睛与被看到的物体是完全不同的两个东西，主体与客体之间有明显的距离和分离。

而头脑中的思想则不同，我们无法用习惯的空间和时间因素来区分不同的事物，因为思想是无形的。对于我们来说，让头脑看清楚问题的本身及其属性、性质等之间的差异，必然是一个困难的过程。首先要排除那些头脑懒惰的人，在他们的内心深处是不愿意接受这个挑战的。我们是在与那些勤于动脑、善于思考的人在讨论。

实际上没有方法。请不要失望，方法意味着从一个地方到达另外一个地方，但是，从属性、性质上将问题本身区分出来，并不是通过我们的努力，从未区分的状态达到区分出来的状态，因为需要改变的正是思想。这种转变是即刻发生的，所有真正的改变都是即刻发生的，就发生在我们看到思想缺陷的那一刻。就如同我们看到对面疾驰而来的汽车，而马上躲开一样，这不需要努力和方法，躲避的行动会自动发生。因此，关键是真正地看到，就如同我们看到疾驰而来的汽车将会给我们带来伤害一样。

看到自己头脑中的思想缺陷并不是在反省自己，反省不会带来任何改变，只能给自己带来内疚、不自信的负面情绪。反省是我们头脑中的一个思想在批判另外一个思想，这么做反而会强化思想中的缺陷。因为我们想改变它，所以就不能让它消失，它通过反对或赞同使一个思想生存下去，同时相反的思想就也得以生存。然后，两个相反的思想不断地发生转化，以使我们的头脑不停地在运作。这就是轮回。

假如我们并不是单纯地看、分析和理解这些文字，而是在自己的心中对照自己思想的运作过程，那么，我们就会真的看到了。只要我们随时都清晰地了解，我们要看的不是文字所蕴含的道理，而是文字所指代的对象，那么我们就一定能够真正地看到思想的运作过程。然后，思想彻底地发生改变了。

如果讨论到此，我们只是沉浸在对这些文字的认同与不认同，以及理解与否中，那么，我们仍然没有看到自己头脑中这个思想缺陷。也就是说，只有我们在自己的头脑中，看到自己的思想缺陷，看到自己将问题本身与问题的属性、性质等混为一谈，我们才能发生彻底的转变。如果我们确实没看到，就需要我们在日常的生活与工作中，随时观察自己头脑中的思考过程。

认识我们自己不仅意味着认识我们是谁，我们从哪里来，我们要走向哪里，关键在于我们认识自己的一言一行，认识我们头脑中的每个思想的运作过程。然后，**智慧就会产生，智慧不是思想，也不是由思想产生的结果，它知道一切答案。因此，最重要的就是：观察自己。**

有时，我们总是强调问题的原则、重要性、意义、弊端、不改变的后果等，这其实隐含着我们内心的一种心态，即解决问题的行动是发生在别人身上的，而与自己无关，自己只是一个旁观者、指导者、管理者，但唯独不是一个亲力亲为的帮助者。我们在内心会这么想：“你们要为问题承担责任；我是为你们好；我只要结果，不看过程。”

总之，没有将自己作为一个解决问题的执行者、参与者、后果承担者，是导致我们忽略问题本身及其属性、性质等的区别的一个内心因素。当我们没有切肤之痛，没有身临其境时，我们就容易迷失在问题的周围而看不到问题本身。因此，为了看到问题本身，我们必须具有务实的品质，我们必须做一个踏踏实实做事的人，我们必须是一个习惯于让事情发生在自己身上的人。

我们应该习惯于积极地深入到问题中去，参与到自己的生活与工作中的各种问题中去，不怕面对问题，这就是务实。它是人类具有的一种美好的品质。当我们参与到问题中时，问题就在我们的身边，就在我们对面，还不容易看到吗？

太阳就要落山了，它在慢慢地接近群山，再过几分钟，它就要落在群山中。小鸟在四处鸣叫，它们在觅食。岛上的人们开始准备晚饭了，邻居把晒在外面的衣服收回去了，太阳渐渐变成了红色。所有的一切都在变慢，直至睡着后完全停止。

思考习惯四：探索问题，请从未知开始

一、认识到局限就已超越局限

关掉了计算机中的音乐，为了能更加清楚地听到窗外的声音，并不是刻意要听，因为我觉得音乐与外面的声音并没有什么不同。

那么，我怎么能将耳朵仅仅集中在那几首音乐上呢？

难道这不是对耳朵的一种局限吗？

我们只想听我们喜欢听的，而拒绝一切不想听的，这正是烦恼的来源，也是冲突的来源。但是，问题在于，我们为什么喜欢听某些东西，而讨厌听另外一些东西呢？这是一个完全个人的问题，因此，我们只能通过询问自己得到答案。

在房屋与树丛中，几只麻雀在鸣叫，此起彼伏，偶尔有其他的鸟声穿插进来，那是不远处山上的鸟，还有一些是湖边的鸟。在公路上，不时还有汽车路过的声音，以及鸣笛声。最大的声音是汽车进入住宅区时，压过减速路障时发出的，接下来就会听到它们重新加速的声音。断断续续地听到有人在说话，大都是女人的声音，听不清楚她们在说什么，但是语调显得非常悠闲。

与优美的音乐相比，窗外的声音就像是噪声，至少它们并不优美。但是，到底是外在的音乐带给我们美的感受呢，还是美本来就存在于我们的内心呢？

有的人喜欢听古典音乐，有的人喜欢听爵士乐，有的人喜欢听合唱，有的人喜欢听独唱，而且，我们每个人的爱好也会随着时间而变化。这种美难道不是欲望得到满足后的那种满足感吗？

当我们满怀伤心、气愤、嫉妒时，还能听到音乐之美吗？

那么，有条件的美是真正的美吗？

不时变化的美是真正的美吗？

当我们不经意间抬头看到黄昏的落日，坐在火车上突然看到了浩瀚的洞庭湖，走在路上扭头看到一位小朋友灿烂的笑脸，我们感受到美了吗？

而这种美与听音乐之美有什么不同吗？这种美是无法用语言形容的，我们无法说清楚那是一种什么样的感受，因为在那一刻，我们失去了自我感，剩下来的只有那种感受本身，我们自己就是那种感受。

然后我们回过神来，就在这短暂的时刻里，我们是不是感到所看到的一切也都是美的呢？

美就是善，我们能体会得到吗？

不是逻辑上的认同，而是真实的切身感受。

我们为什么会有同意或者不同意？

同意和不同意意味着什么？

意味着我们同意的就是对的，而我们不同意的就是错误的吗？

还是说，我们同意的是对我们有利的，而不同意的是对我们不利的呢？

我们是否观察过自己。

下面我们从柏拉图著名的洞穴阴影故事开始。

让我们联想一个洞穴式的地下室，它有一条长长的通道通向外面，可让同洞穴一样宽的一缕亮光照进来。有一些人从小就住在这洞穴里，头颈和腿脚都绑着，不能转头、不能走动，只能往前看着洞穴后壁。

让我们再想象在他们背后远处高些的地方有东西燃烧着发出火光。

在火光同这些被囚禁者之间，在洞外上面有一条路，顺着路边已筑有一带矮墙。矮墙的作用像是傀儡戏演员在自己和观众之间设的一道屏障，他们把木偶举到屏障上头去表演。

随后让我们想象有一些人拿着各种器物举过墙头，从墙后面走过，有的还举着用木料、石料或其他材料制作的假人与假兽。你可以听到有的人在说话，而这些过路人，有的不再说话。他们与我们是一样的人。你且说说看，你觉得这些囚徒除了火光投射到他们对面洞壁上的阴影之外，他们还能看到自己的或同伴们的什么呢？

囚徒们不仅能看到自己面前的阴影，还能听到洞外传来的各种声音。问题在于，由于他们看不到真实的事物本身，因此他们认为那些阴影就是真实的事物本身，而说话者自然也是那些阴影。作为一个正在看着这个寓言故事的人，或者，作为一个囚徒之外的旁观者，我们非常清楚囚徒们的局限，我们知道他们的一些认识是错误的，是不符合真实情况的。

但是，囚徒们并不这么认为，他们认为自己所见到的就是真实事物本身，而不会认为自己看到的只是真实事物的影子。囚徒们认为自己看到了什么就是什么，这是天经地义的、毋庸置疑的。因此，有一个更为严重的问题是，**囚徒们并不认为自己的看法是错误的，他们意识不到自己实际上受到局限，他们不承认自己的看法是错误的。因为他们认为自己就是对的，那是他们亲眼看到的、亲耳听到的，怎么会是错的呢？**

作为旁观者的我们，当然很容易看到囚徒们的局限，甚至觉得他们很可笑。但是，我们是否也同样受到局限呢？

我们对事物的认识难道就是客观、公正的吗？

我们是否想过这个问题？

当我们说“那是不可能的，我没有被自己局限，我看问题一直都是公正、客观的”，恰恰说明了我们正在受到局限。因为只有在自己看不到局限的情况下，才可能被自己受到的局限所束缚，**如果我们一旦看到自己受到的局限，那么就在这一刻，局限就被超越了。**

不只有一个世界，每个人的心中都有一个与别人完全不同的世界。

一朵鲜花在山谷中盛开。有一个从山谷路过的人看到了鲜花，被它的美丽所倾倒，然后她感觉到整个山谷都是美丽的，步履变得无比轻松。

另一个走过山谷的人也看到了鲜花，不过他只是漠然地走过，在他的眼里那朵鲜花与石头没什么区别。

还有一个人从来没有走进过山谷，在他的世界中那朵鲜花是不存在的。

他们三个人有着完全不同的内心世界，对于他们三个人来说，不仅是内心世界，还有外在世界，也就是他们看到、感受到的样子。鲜花就是鲜花，不管你是否看到它，它都盛开在山谷。鲜花也无所谓美丽与否，我们每个人看到它时的感受赋予了它美丽与否。当我们心中充满了浪漫情怀时，那朵花就是美丽的，而且，在我们看来它就是美丽的，如果别人说那朵花不美丽，我们会觉得不可思议。但是，在别人看来，那朵花确实不美丽，而他会认为我们多愁善感、不务实。

这又有什么问题呢？

这一切都很正常。

我刚好在一段热恋中，我必然会看到鲜花的美丽，在我的眼中，这是一个美丽的世界。对于一个刚刚失恋的人来说，鲜花只能带给他失去曾经、浪漫的悲伤，他看到的天空是灰暗的。**我们体验到什么，世界就是什么样子，我们知道这一点**。但是，我们现在还在理性上确信，世界的本来面目就是我们看到、感受到的样子吗？

不仅是从头脑的理性中，我们是不是真的体验到这样一个事实。我们看到的、感受到的世界只是我们自己独特的体验，而不是其他人的；而其他人看到的、感受到的世界也只属于他们自己，我们并不能体验到。那么，**如果我们真正地体验到这个事实，而不仅仅是理性上的理解，我们是否在这一刻看到自己确实受到了自己的局限呢？我们不想去探索别人内心的世界，我们关心的是，在我们体验自己的世界的同时，是否意识到我们真的受到自己的局限**。

这是最重要的。我们是否一边在体验自己的世界，一边在心中清楚地知道我们的体验受到自己的局限。也就是说，我们在体验着一个受到自己局限的世界，而我们很清楚自己受到局限。那么，我们就是既接受我们所体验到的世界，同时又知道自己的体验是决定在自己手中的。然后，我们的人生将会发生根本性的变化，因为我们知道自己的人生完全是由自己决定的，而人生的改变也完全掌握在自己的手中，与任何其他人无关。**当我们接受自己的同时，就已经开始改变自己，也就是说，越是否定自己，就越是无法改变自己**。

什么是真的认识、意识到了呢？就像眼睛看到物体、耳朵听到声音、身体感受到刺激一样，我们内在的感官直接认识到某个事物，这大概就是我们所说的真的认识、意识到了。其实，这很类似于“直觉”“顿悟”等的意思，但是，随着时间的推移，这些名词慢慢地被我们赋予了其他的含义。实际上真正地认识、意识到的含义是无法用语言表达的，因为它正是在头脑的理性不介入的情况下才能产生的。

当我们面临一个问题时，我们习惯性地在头脑中进行思考。但是，不管我们是如何思考的，思考的结果如何，我们都是将自己的思想加诸在问题身上，从而使我们无法真的感受、认识到问题，**我们看到的只是我们自己的思想。思考并不是内在的感官，它是内在感官的障碍。当我们忙于思考时，我们的注意力丝毫没有投入给内在的感官，因此，我们就难以真的认识到事物的本质。**

思想没有行动力，因为它要权衡、比较、分析，制订行动计划。而真的认识到事物则不同，它带来了即刻的行动，就像手碰到火会马上躲开一样。

二、远离思想，接近客观事物

这是一条幽静的小路，行人很少，没有汽车通行。如果仔细观察就会发现，小路两边的围墙内是一所大学，而且整条路上没有一家店铺，这才是导致幽静的根本原因。

不过，我们为什么要寻找这个原因呢？

安心于幽静中不是更好吗？

当我们用尽心思寻找安静的原因的时候，我们内心已经失去了安静。到底是外在的安静重要，还是内心的安静更加重要呢？外界的安静能够给我们带来内心的安静吗？

也许我们不但不需要安静，反而很害怕安静。当不小心处于安静状态时，我们会马上去寻找某些东西填补。

我们为什么会这么做呢？

我们对充实的追求与安静是对立的吗？

对充实的追求难道不是我们头脑中的一种想法吗？

如果我们没有随时观察自己的习惯，也许无法看到自己的想法，从而不知道那只是我们的一个想法而已。而且，这些想法有时隐藏得很深，它们会成为我们的潜意识和无意识，因此，我们也许不承认那只是一个想法。

不管它是什么，**只有通过对自我的观察才能发现真相。**

而安静是什么呢？它是一个想法吗？

显然，内心真正的安静是在头脑中没有任何的想法和念头，既不存在追求充实感的想法，也不寻找追求安静的想法。那么，追求充实感的反面，应该是追求安静的想法。真正的安静不是任何事物的反面，因为在那种状态中没有任何思想，而一切的对立都是思想的产物。

小路两旁种的是柳树，在这个南方城市中是不多见的。这些柳树看起来已经很老了，粗大而沧桑斑驳的树干伸向两边，大部分的树枝都透露出腐朽的征兆。由于道路很窄，柳树伸向向路中央的树枝都被剪掉了，它们苍老而残缺的身躯向上及向外伸展着。在这个不长的小路上，只有一个做生意的人，那是一个鞋匠。他凌乱而有些脏的工具显得与这条小路很不相配。此时没有生意，他躺在椅子上，不知是否睡着了。

他内心是怎么想的呢？

是愿意这么舒服地躺着睡觉呢？

还是希望有更多的生意而忙碌起来呢？

在小路的尽头，有一个修理自行车的小摊。修车人是一个中年人，他的脸上几乎没有一丝皱纹，也许他更年轻一些，黝黑和粗糙的皮肤掩盖了他的青春。此时也没有生意，他坐在小板凳上，与一个收废品的人在聊天。这个收废品的人也没有生意，显然，他们通过闲聊在打发无聊的时间。一个老年人坐在他们旁边发呆，并没有参与他们的谈话。他们的面孔都是呆滞的，没有任何感情色彩。

如果我们认识不到自己受到局限，也就是说，我们并不认为受到自己的局限，那么，我们就会认为世界就是我们看到的那样。我们并不是说内心之外的客观事物不是我们直接感受到的样子，春天来了就是春天来了，而当冬天到来时，大家都穿上了厚厚的衣服，生病时会感到难受，一天不吃饭会感到饥饿难忍。我们是指心中的想法、看法和观点等，它们被我们不自觉地投射到外界的客观事物上，然后客观事物就附加上我们的主观看法。

这并不是在推理，当然也不是思考的结果，这只是看到的一个事实。苹果就是苹果，春天就是春天，疾病就是疾病，而那些对苹果、春天、疾病的看法、观念、感受等是我们的头脑产生出来的，因此，我们看到的世界实际上是我们的这些看法、观念、感受等，或者，我们是带着这些看法、观念、感受等在看客观事物。

如果我们认识到的世界其实只是自己头脑中的看法、观念、感受等的投射，那么，我们自然会认为世界就是我们看到的样子，因为我们看到的就是自己的看法、观念、感受等，而

不是外在的客观事物，当然也不是别人头脑中的世界。

当我们在某个片刻停止一切思想时，我们就会看到完全真实的客观事物。但是，在这个时候我们并没有记忆，因为记忆本身也是思想，我们也就无法回忆起那一刻的感受，也就是说，我们永远无法认识到什么是真实的客观事物。因此，只要我们开始认识外在的事物，我们的头脑中必然是出现了思想，涌现出各种看法、观念、感受等。花是客观存在的事物，但是花的可爱与不可爱则是我们的想法。春天是客观存在的事物，但是春天的美好及对其来去匆匆的感叹是我们的想法。

此时，我们看到的世界是可爱的花和美好的春天，毫无疑问，这就是我们真实看到和感受到的世界，我们认为世界就是这个样子。我们不用推理和证明，在认识外在的客观事物时，每个人的看法、观念、感受等是不一样的。也许另一个人在此时看到的是一个没有鲜花，以及春寒料峭的世界，当然，这就是他看到的和感受到的世界。

这有问题吗？显然，没有问题。我们各自看到了不同的世界，因为这个世界就是我们自己亲身的感受。但是问题在于，我们没有意识到这一切都是正常的。我们总是认为世界就是我们认为的样子，而别人的看法、观念、感受等是错误的，我们如此看问题仅仅是因为别人的看法、观念、感受等与我们的不同。然后，我们的世界中就开始增加了更多的冲突和矛盾，充满了说服、被说服、争论、压制、权威、委屈、被迫等。

古希腊有一条格言说，人通常被对事物的看法，而不是被事物本身所困扰。问题在于，我们经常将事物本身与我们对事物的看法混为一谈，我们看到和感受到的世界其实是我们的思想与客观事物的混合物。**我们越是有思想，就距离客观事物越远，**直到我们觉醒的那一天。不是说思想是不对的，而是说如果将思想混同于客观事物本身而不自知，我们的麻烦就出现了，这个麻烦就是源源不断的冲突。

但是，我们平时并不是如此看待麻烦的，我们往往将麻烦的原因归结为一些外在的因素，从来没有想到过要探索自己内心深处的思想，以及这些思想产生的根源。我们总是认为麻烦都是别人带来的，我们自己无能为力也是由于受到了客观条件的制约。总之，我们不认为自己有问题，因为我们体验到的就是我们的思想在客观事物上的投射。**执行者和裁判者是同一个，都是我们的思想。**

当我们坚定地认为世界就是我们看到的样子，就表明我们是已知的，但是我们不知道的是，我们已知的只是自己投射到客观事物上自己的思想。我们停下来仔细观察自己的内心，是否发现这个事实，一旦我们坚定地认为世界就是我们看到的样子，我们就认为自己知道了。如果我们没有深入地观察自己的内心，我们也许不承认这一点，甚至还认为自己是一个很谦虚的人。

但是，**真正谦虚的人是指那些心中没有固有观点的人，而不是指那些可以放弃自己观点而接受别人观点的人。**后者的谦虚是做作的，是一种更高层次的骄傲。要想发现这一点，仍然需要我们深入观察自己的内心，这并不是说，只有你我的内心充满了骄傲，实际上每个人都一样，我们不能把自己想象成是一个过于特殊的人。我们仍然需要进一步探讨，这里所说的“特殊”并不是“普通”的反面，而是说我们在本质上是一样的。比如，我们都有嫉妒心，虽然我们嫉妒的对象不同，但是嫉妒的感受有什么不同吗?

如果我们没有通过自我观察而直接否认和承认以上的观点，那就说明我们现在认为世界就是我们看到的样子，说明我们的内心是已知的。

接下来会怎么样呢?

在日常的人际交往时，在共同探讨问题时，我们就是从已知出发，而不是从未知出发。这种差别会带来什么不同的结果吗?这正是我们要讨论的核心。当从已知出发开始讨论时，我们遇到的问题往往是谁对谁错、同意与否、说服与被说服等。当从未知出发开始讨论时，我们关心的问题是对方为什么有这种观点、支持对方观点的证据是什么。

恐怕我们任何一个人都不会否认，从未知出发才是合理和有效的，因为我们没有将能量浪费到那些与解决问题无关的情绪、权威等因素上。**当我们从已知开始讨论时，只要对方与我们的观点不一致，我们不是拒绝接受对方的观点，就是屈从于压力而勉强接受。总之，我们的注意力大都集中在彼此的观点上，或者，集中到对自己观点的辩解和对对方观点的反驳上。**此时，我们无暇顾及问题的本身。因此，**我们不是没有能力解决问题，就是根本就没有将全部注意力集中在解决问题上，我们可能会认为针对彼此观点的讨论就是在解决问题。**

我们在头脑中已经清晰地认识到，我们各自的观点并不是问题本身，它们只是我们的观点而已。那么，我们也可以看到另外一个事实，**即问题的解决方案并不在问题之外，而是在对问题本身的探索过程中产生的。因为我们对问题的看法与问题本身是截然不同的东西，问题的解决方法是客观存在的，我只是发现了它，而不是发明了它，因此，我们只有在对问题本身的探索过程中，才有可能发现问题的解决方案。**它就在那里，但是，如果我们满脑子装满了自己的思想，甚至坚定地认为自己看到的就是事实真相，那么，我们就失去了发现问题的真正解决方案的机会。

如果我们没有深入观察自己内心的习惯，我们就无法发现自己是带着已知的观点在看问题，当然，我们也不会承认这一点。而且，这些已知的观点往往隐藏很深，它们不易察觉地占据了我们的头脑。比如，“潮人”这个词本来是指那些“引领时尚，思想超前的人”。但是，每个人对超前的东西接受的意愿不同，当我们不太赞同过于超前时，我们说某个人是“潮人”，实际上隐含着这样一个观点，即认为他们是非主流，总是特立独行，他们太过于重视自己个性的张扬。

如果我们很欣赏时尚和思想超前，那么在称呼别人为“潮人”时，就会隐含我们的另一个观点，即认为他们就是这个时代的代表，他们是潇洒生活的创造者，他们不愿意模仿别人，而是按照自己的风格和想法做他们自己。大家对“潮人”这个词的理解各不相同，以及在社会层面这个词的含义一再被重新定义，正是表明了我们各自在头脑中存在明显的观点。每一个不同的理解，就塑造了一个完全不同的“潮人”形象，我们自己的观点就隐藏在我们对“潮人”的不同理解中，隐藏在我们的态度、情感、语气中。而这一切我们难以察觉，因为它们就是我们自己。

三、倾听是一种学习

这是一个春天周末的下午，似乎比平时安静一些，连那家新开业的饭店也停止了促销宣传，可能有很多人去各个公园踏春了。窗外传来断断续续的歌声，这是一首缠绵哀怨的歌，它一直被反复播放着。在歌声中伴随着人们的说话声、咳嗽声、呼喊声，以及过路的各种车辆的声音。小孩子愉快尖细的声音间或穿插进来，他们是那么地肆无忌惮、无拘无束。

这些声音只是浮出水面的几朵浪花，还有更多的声音无法分辨出来，而它们却组成一个巨大的声音之海。如果不仔细倾听，就会忽略声音之海的存在，就会成为那几朵浪花的背景。今天没有风，因此听不到一丝风声。终于，听到了几声鸟叫声，这是除了人及人造物以外唯一的自然之声。

猛然间，我意识到在这一刻我内心隐藏着一些观念。就在我说："终于，听到了几声鸟叫声，这是除了人及人造物以外唯一的自然之声"这句话时，我心中是将人与自然分开了，而且认为自然是美的，而人及人造之物是肮脏且具有破坏性的。如果此时此刻我没有观察自己的内心，那么，我就会将这些观念视为一个客观事实，也就是说，我不会察觉到我已经在客观事实上掺杂了自己的观点。

"人与自然是对立的，人及人造之物是丑陋的"，这只是我的观点。但是，就在我听到鸟叫的瞬间，我就把以上这些观念加诸到听到鸟叫这个客观事实中。所以，我会说"终于"，在这个词中不正是已经包含我的那些观点吗？否则，我为什么要说"终于"呢？

另外，我发现这是一个自动的过程，我并非有意要将自己的这些观念加诸在鸟叫上面，这一切都是在瞬间自动发生的。我不能控制这一切的发生，好在可以观察到它的发生。不过，我们还要进一步观察，我们的观点是如何产生的呢？

观点的内部是什么样的呢？

支持这个观点的观点又是什么呢？

只有发现了观点产生的根源，才能使它们消失在我们的头脑中。那时，我们将会看到真理，它一直就在那里。

当走在路上，遇到清洁工在打扫道路，我们会远远地避开迎面而来的尘土。不过，我们是由于认为"尘土是脏的、对身体是有害的"的观念而躲避，还是身体的自然反应呢？答案是什么不重要，重要的是答案是如何得到的。是从我们的头脑中产生的念头，还是我们观察自己的内心看到的呢？问题的真相只有一个，它就在我们的内心，只要去看就能看到。

始终如一地观察自己的内心是不容易做到的，我们很容易被外界的事物分散注意力，或者，我们的注意力更习惯于跟着外界事物走。我们从日常生活、工作中的外在行为表现，也可以看出我们从已知出发的蛛丝马迹。问题在于，为了保证我们能够进行同步的探讨，仍然需要我们在讨论的同时，对照自己的内心，至少仅仅就在这一刻。

实际上，我们所拥有的全部不就是当下的这一刻吗？

即便是对外来的畅想或对过去的回忆，不也是在当下发生的吗？

思想的内容是来自过去或未来，但是，思考却是发生在现在，不是吗？

但是问题在于，就在我们的思想徜徉于过去和未来的这一刻，哪还有另外一个思想来意识到现在的存在呢？

或者，哪还有另外一个思想意识到我们存在于现在呢？

我们经常很快地说，“你是错的”“我不同意”“那是不可能的”。现在如果观察我们自己的内心就会发现，当我们在还未深入探究对方的观点时，而快速地予以否认或赞同，是不是表明我们心中早已有了一个固定的观点？

我们不是在谈论自己或者别人观点的对错，我们是在说明一个事实，即我们的内心是不是早已隐藏着一个又一个的观点。当别人说出他们的观点时，就触发了我们心中的观点，然后就出现了“否定”或“赞同”的自然反应。

从反面来看，也许会让我们看得更加清晰，假设我们对某个问题没有任何自己固有的观点，那么，我们还会快速地否定或肯定吗？必然是不会的，那时的第一反应也许是询问、追问和质疑。当然，**质疑不是否定，否定是指不同意对方的观点，而质疑往往是对支持对方观点的论据的怀疑和问询。此时，我们的心中必然充满了好奇、求知和怀疑**。要想了解这一切，同样需要观察我们的内心。

我们不能将说“不同意”和“不可能”仅仅视为是一个人的正直和直爽，或者是外向和强势，这些个人的个性、品德和性格只是促使每个人表现出不同的表达方式。对于那些性格内向或者处于弱势地位（如下级面对上级时）的人来说，他们会表现出不认真倾听、沉默、不提问、岔开话题等，如果我们足够敏感，就会感觉到对方的心中其实早已有他们自己不同的观点，只是没有明确地说出来。你会感觉到他们的内心像石头一样的顽固。

一些人很善于表达，在各种场合他们都能侃侃而谈，我们也许会羡慕他们的口才和才学。但是，我们是否曾经留意到，他们不是一直在说着从别人那里听来的话，就是说着自己主观上的看法。他们从第一个自己的主观看法为基础，一直推论下去。我们是否能够分辨清楚，不管他们的逻辑多么合理，他们仍然是活在自己的内心世界中，他们完全不理会客观的事实。

这些人能够教给我们有价值的知识吗？

他们将自己的主观世界展示给别人看时，这仅仅说明他们是坦率的吗？

这恐怕也表明他们比其他人更深地陷入自己的观点中，他们更加深信世界就是他们看到的样子。同时，也表明他们是以自我为中心的人，换句话说，他们更加自私。

当然，对于一个善良的人来说，他们的自私并不会危害别人的物质利益，但是，他们的自私却阻碍了正常的交流，阻碍了大家发现事物的真理。

当然，他们并不是有意这么做，他们并没有认识到自己完全活在自己的主观世界中，否则，他们就会在瞬间从自己的主观世界中解脱出来。

不管是外向性格和强势的，还是性格内向而弱势的，只要心中充满了自己固有的观点，**从已知出发来探讨问题，还会导致另外一个更加严重的问题，一个会给自己带来巨大损失的行为，即完全不会倾听了。**

也许我们会认为一个人是否善于倾听，在于我们是否对他人有足够的尊重，或者自己是否是一个具有耐心的人，或者我们是否懂得倾听的技巧。这些恐怕都是影响我们是否具有倾听能力的外在因素，它们无法决定我们是否具有倾听能力，倾听能力更像是我们具有的一种素质。

素质是一种存在于人内在的东西，它不是头脑中的思想，也不是经过训练就能够获得的技巧。这就说明，对于倾听来说，并不是我们想不想倾听的问题，也不是善于倾听与否的问题，而是一种我们的头脑无法主动控制的东西。

因此，我们不能说：“好吧，既然我不善于倾听，那就开始学习如何倾听。”当我们真的在倾听时，就在这一刻我们不会想，“他是一个长者、领导、权威，因此我必须要保持倾听”，也不会想，“我要做一个有涵养的人，因此我要认真倾听别人所说的话。”真正的倾听是一种自发的行为，它就是探索本身，在倾听时我们的全部能量都集中到对问题的探索上。你现在是否正在倾听呢?

而只有从未知出发，才能促使我们去探索，然后就会倾听。如果在我们的头脑中早已有了自己的观念，我们必然会骤然停止探索，那么，我们还会全神贯注地倾听吗?倾听不是一个礼貌的问题，也不是一个技巧的问题，对于我们来说，倾听是一个与我们自身成长有着最为密切的东西，它就是学习。

学习难道不是从未知开始的吗?

这不是指那种表面上的未知，而是那种对知晓的极度渴望，也就是说，**未知并不是什么也不知道，而是对知道的渴望**。已知就是在坚守自己的观念，已知本身并没有什么危害，它只是有可能让我们丧失了对知晓的渴望。而事物的本身从来都是活跃的，就像源源不断流淌的河水，一旦我们认为自己认识到事物的本质，我们的头脑就会变得僵化，就会将鲜活的事物变成思想，而思想永远是由过去的事物组成的。因此，它就不能再带领我们去认识真正的事物。

学习难道不正是探索的过程吗?

探索中必然包含着质疑的品质，那不是否定，当然单纯地接受也不是学习。在缺乏质疑之后的接受，只能使我们的头脑装满了别人的观念，而别人的观念并不是事物本身，最多只是指向事物本身的道路。缺乏质疑，我们怎么知道别人指出的道路是适合我们的呢？

从已知出发，使我们丧失了对知晓的渴望，然后我们就停止探索，我们不再学习。这将会是一个怎样的人生啊！也许我们会在自己的主观臆断中度过一生，更为可悲的是，我们并没有意识到我们一直就对事物本身视而不见，而将自己头脑中的想法视为事物本身。

四、人的意识问题，与逻辑无关

春天的风从脸上滑过，有一丝的寒冷。人们默默地走着，大家想着各自的事情。一条幽静的小路吸引了我，不知道它会通向哪里，也许是通向一个封闭的院子。走过一个有门卫的地方，那个人看了我一眼，并没有理会，我便继续向前走。突然，我看到在小路的尽头有一个石头雕塑，逐步地走近它，我看清楚了，那是一个闭着眼睛、满脸安详的男人的头像，他的头稍微偏向一边，显然，他被塑造成一个思考者。

他在思考什么不重要，重要的是他正在思考，而且是极其深入的思考，因为在他光秃的头顶上，站立着一只长着很大嘴巴的小鸟。与思考者的头相比，那只鸟的身躯过于庞大，几乎和思考者的头一样大。只有沉入到忘我的思考中的人，才能无视头顶上站立的鸟，这也许正是雕塑者想要表达的意思。

这个雕像是美的，因此就会暗示给所有看到它的人一个信息：思考是非常重要的，思考是获取知识的途径，甚至思考是一种美德。我想这个雕塑绝对不是一个冥想者，因为在鸟的大嘴下面，思考者的头顶裂开了一个缺口，那是一个参差不齐的缺口，就像是被那只鸟啄开的。如此一来，思考者头脑中的思想就被看到了，因为思考的结果必然会带来行动，而行动就是思想的体现。冥想者的头脑中是什么也没有的，因为冥想就是思想的停止。如果没有这个缺口，我们就无法看得出他到底是一个思考者，还是一个冥想者。而这两者之间又是那么地不同，甚至从表面上看完全是相反的。

不久，我从另外一个门走出来了。这条路依然宁静，在小路的两边及弄堂内长满了高大的树木。那些树笔直地伸向天空，有六层楼房高。几分钟后，我又来到熙熙攘攘的闹市。老人们聚集在保健房内做治疗，生意人忙着向路人推销产品，两个小孩在地上爬着，一个路过的阿姨看着他们，脸上流露出一种幸福的微笑。一个年轻的妈妈拉着小孩的手，指着围墙说："这是围墙"，小孩并没有回答。

如何才能使自己不陷入自己的主观世界呢？

如何从已知的状态中解脱出来呢？

如何才能摆脱"世界就是我们看到的样子"这种认识呢？

这些问题都是顺理成章的，但是我们不要期望这些问题的答案，也就是说，我们不要等待一个方法或一套理论。因为我们期待改变的不是认识的内容和结论，而是认识本身，或者我们换一个词，我们期待改变的不是“体验”的内容和结论，而是“体验”本身。

因此，仅仅在理性上的理解如何能够让体验本身发生改变呢？

即便有所改变，也是暂时的。

苏格拉底故事中的囚徒们可以通过推理分析，确认自己看到的是影子，而不是事物本身。但是，他们所看到的仍然是影子，而不是事物本身，这是他们的切身体验，虽然在理性上他们知道自己看错了。在这种情况下，他们很冷静，也许会记起他们看到的是影子，是真实事物的幻想。但是，当他们的头脑沉浸到日常生活和工作中时，那个提醒的声音很容易就消失了，他们就会重新掉入幻想中而不自知。

因此，如站在对方角度去想、换位思考，以及具备同理心等方式和技巧，并不能从根本上改变我们的认识。我们可以暂时性地站在对方去思考，但是，我们的自我依然存在，我们的观点依然存在，那么，我们的行为如何能够完全基于别人的立场上呢？

难道我们的行为不是主要由自己的立场和观点主导的吗？

这不是理论，如果我们在日常生活和工作中，曾经注意过自己在做“换位思考”时的内心活动就清楚了。**千万不要在思想中说“对”或“错”，问题的事实就存在于我们的内心，它们在等待着我们去观察。**

如果我们提出了问题，但是又不能期待答案帮助我们从已知中解脱，那么，我们应该怎么做呢？

真正能够帮助我们从已知中解脱的是我们问这个问题的原因，即我们为什么要问“如何从自己的主观世界中解脱出来呢”？

显然，那是因为我们想从自己的主观世界中解脱出来。这就足够了。“想要解脱”的这种愿望、热情、紧迫感、对重要性的认识等，正是帮助我们解脱的良药。如果我们只是在头脑中问一问，或者消极地等待别人给一个方法，缺乏那种渴望、热情，我们将会一无所获。

在此不得不再次提起，这不是理论。我们无须用理性的逻辑或者证据去证明这一说法，正确的答案就在我们的心中，只要我们去观察就能发现。**也许我们首先应该改变的一个观念就是，认为所有的问题必须经过逻辑推理和证据才能确认是正确的，我们认为这符合科学精神。但是，关于人自身的问题，或者说人的意识问题，恐怕与逻辑和证据无关。**

因为，所有的逻辑及其对证据的确认不都是我们头脑中的思想吗？

它们同样是我们认识的内容或者说对象，我们怎么能保证我们的逻辑及对证据的确认，不是建立在自己原有的观点基础上的呢？

我们怎么能确信自己的逻辑没有受到自己已有观点的影响呢？

我们的生长环境、教育背景、智力水平、责任心，甚至我们平时偶尔接触到的人和书籍，都会影响我们对任何一件事情的看法。就如我们想要观察一个极其微小粒子的运动规律，但是经过观察后发现，它们的运动方向竟然会受到我们思想活动的影响。

那么，我们还能把自己的思想与思想之外的东西完全分开吗？

观察者与被观察的对象之间还有什么分别吗？

因此，逻辑与证据的意义还有我们想象的那么大吗？

从已知中解脱的渴望和热情会促使我们马上展开行动，这个行动是什么？

它就是探索本身，就是向我们的内心探索：

为什么我们受到已知的束缚？

我们是怎么被已知束缚住的？

束缚我们的这些已知到底是什么？

重要的不是这些问题的答案，而是对这些问题探索的过程。如果要完成整个的探索过程，我们需要在心中始终保持强烈的渴望和热情。因此，在探索过程中，最困难的不是问题本身，而是如何保持住那份渴望和热情。

不过，我们无法用思想去探索，因为思想正是我们将要探索的对象。思想无法观察到自身，只能是一个思想观察另外一个思想。然后，另外一个思想开始下结论，也许还会有一个思想插入进来评论这个结论的对错。如此不断地循环下去，这些都是思想，它们是平等的，谁也不比谁更加超脱。一个思想清除了其他所有的思想之后，剩下的仍然是思想，这个思想仍然是我们的已知，然后我们就受到了它的束缚。

五、单纯地观察自己的思想

那么，思想之外还有什么呢？

什么东西能够存在于我们的思想之外呢？

如果在思想之外存在某个东西，我们如何能意识到它的存在呢？

如果意识不到它的存在，那么怎么能说它是存在的呢？

这些问题的答案显然不是思考出来的，因为答案存在于思想之外。

如果我们在接触事物时没有产生出任何思想，或者，事情过去后就遗忘了，我们自然不会受到已知的束缚，此时，我们每次都是以新鲜的头脑接触事物。在我们从小到大的成长过程中，头脑中已经装满了各种各样的想法、印象和感受等，我们很难完全消灭它们，更多的情况是以新的思想替代旧的思想，但是它们仍然还是思想，其本质并没有发生改变。

因此，在探索的过程中，搞清楚思想与自己的关系至关重要。

我们是否想过这些问题：

头脑中的思想是什么？

思想的本质是什么？

它们是如何产生的？

我们能够控制它们吗？

思想与我们自己的关系到底是什么？

我们就是思想本身吗？

还是说思想是被我们创造出来的？

此时，如果我们观察自己的内心活动，我们是否可以看到思想是不受我们控制的？

我们能够控制某个思想的产生和消失吗？

我们能够控制自己思考什么，但是能够控制自己思考的结果吗？

如果我们不能控制我们头脑中的思想，那么我们平时体验到的自己又是谁呢？

如果思想是我们自己的，是从属于我们的，为什么不能控制它们呢？

显然，我们平时说的“我”并不比那些思想高，当然也不比思想低，它们是平等的，或者说，我们头脑中“我”的概念也只是我们的一个思想而已。

这是一个大问题，对任何人都是一个具有极大挑战性的问题。假设我们同意我们头脑中的“我”只是一个思想而已，我们也就可以接受一个事实，即思想是无法意识到自身的，因此，依靠思想、思考、逻辑是无法发现这个现象。如果用思想去探讨到底“我”是我们头脑中的一个思想，还是一个实际的存在，显然是不可信的，因为思考的过程及其结论仍然只是思想。

我们是否有过这种体验，有时候我们能够觉察到自己的某些思想和感受的升起和消失，这种觉察是指单纯的知道，并没有附带任何的评判和结论。由于这种“觉察”的关键是没有任何的评判和结论，因此它不是思想。假设我们将这个单纯的觉察当作我们自己，那么，我们就可以将自己的思想视为觉察的对象，接下来，我们就会意识到，我们自己并不是那些思想。当然，此时“我”的体验，并不是我们在日常生活中体验到的“我”。

这是从已知中解脱的关键。如果我们能够单纯地观察自己的思想和感受，我们就能够清楚地意识到思想只是我们觉知的对象，我们只是一个思想的旁观者。当我们的思想也被我们视为是一个客观被观察的对象时，那么它就与其他人的思想是平等的，它们都是客观对象。此时，我们就不会将自己的思想凌驾于别人的思想之上，我们就会很清楚地看到：我们看到的世界只是我们自己看到的世界，而别人看到的世界是另外一个样子。这并不是换位思考，这是那个旁观者的“我”真实看到的。

存在于思想之外的那个东西正是观察本身，就是那个单纯的“知道”本身。要了解这些，也只能依靠观察本身。通过随时地观察自己的内心，我们再也不会认为世界就是我们看到的样子，我们知道别人的世界与我们的世界是不同的，我们开始从自己的已知中解脱，也就是从自我中解脱。当我们真的体验到思想只是我们观察的对象时，思想也失去了主导我们行动的力量。

束缚我们的是什么？

我们从什么当中解脱？

难道是外在的事物束缚住我们吗？

难道束缚我们的不正是我们对外在事物的看法吗？

因此，我们最终的解脱是从自我的已知中获得解脱，那时，我们将获得内心的自由。在这种情况下，我们就可以展开自由的探索，我们将会看到自我观点之外的客观存在的事物。那将会是一个什么样的景象？恐怕只有那些获得内心自由的人才能体验到，语言无法表达它，因为语言是思想的媒介。

从已知中解脱就是摆脱我们对过去和未来的想象，这就是活在当下。但是，活在当下的感受同样无法描述，因为它存在于思想之外。

很明显，春天就要过去了，虽然还没有来得及认真地体验它。天空越来越阴沉，蒙蔽天空的好像不是水汽，而是灰尘。走在外面，明显感觉到那种夏天才有的闷热。有个女孩穿着白色的短袖T恤走过去，她腿有残疾。做水煎包的小伙子脱掉了上衣，裸露着肩膀，而站在他面前正在买水煎包的女士穿着很短的裙子，以及黑色的丝袜。

突然，起风了，人们加快走路的步伐。几分钟后，雨点落在地上。顿时，街上的行人不见了，此时，只有一个孕妇打着雨伞从容地走着。一个骑摩托车的人在街角的拐弯处突然摔倒了，他迅速地爬起来在地上捡起散落的东西。就在他还未站稳之际，另外一个骑自行车的小伙子也倒在同样的地方。他摔到了脸，我看到他的脸贴着路面滑行了一段，他也开始捡起掉在地上的东西，同时摸着他的脸，他看了看自己的手，好像没有流血。

路边站着几个人在看着摔倒的两个人，面无表情，他们是在路边开小饭店的人。其实，正是雨水将他们倒在路边带有油污的水冲刷到路面上，才导致这两起摔跤事故。早上就在同样的地方，有两辆汽车撞在一起，巨大的撞击声让人心惊肉跳。这是一个危险的路口。窗外已经下起大雨，这是夏天的雨。

显然，与一个人的性格一样，道德也存在于人的内心，它支配着我们的一言一行。如果我们具有了谦卑的品德，那么，我们就会更加容易压制和放弃自我的观点，而尊重别人的观点。当我们的内心是谦卑的时候，就会时刻感受到自己的渺小和不足，知道自己有多么无知，因此，在与人交往时，我们便不会固执己见、刚愎自用，将自己的观点强加给别人。在谦卑之心的驱使之下，我们会愿意倾听，因为我们感到别人的观点很重要、很有意义。谦卑的人都是这么想的，难道不是吗？

苏格拉底说，智慧意味着自知无知。谦卑的人并不是说什么也不知道，而是知道自己不知道，这就是智慧。

谦卑之心是针对自己而言，如果是针对我们以外的事物，那就是敬畏之心，这两者是相同的意思。当我们对其他人及其他的事物，包括动物和植物，怀有敬畏之心时，我们同样会尊重对方的观点，花费更多精力倾听对方的观点。

具有了谦卑的品德及敬畏之心，虽然不能使我们的内心得以解脱，但是，有助于我们去倾听别人，去关注别人，使我们暂时性地摆脱以自我为中心的状态。当我们的内心谦卑之极，或者对别人敬畏之极时，就是装满了各种观点的“自我”的消失之时，就是我们的内心从已知中解脱之时。

殊途同归，修心修德同样会引领我们的内心走向自由之境。

思考习惯五：寻找答案，请向内看

一、我们都是“愚蠢皇太子”吗

快要接近晚饭时间点了，街上的行人渐渐多了起来，促销包子、面条的喊声又开始响起了。隐隐听到有《二泉映月》的声音，那是一个盲人坐在路边拉二胡乞讨。他大概 40 岁左右，黑黑的脸，衣服肮脏。几个人匆匆地从他身边走过，没有人注意到他。一个老先生背着孙女（或外孙女）经过，小女孩一直盯着盲人看，直到脖子不能再向后扭了。一位年轻的女人快速地跑过，给了盲人一盒饭，她的另外一只手还拿着一盒饭。有一个拿着矿泉水的学生走过，他停下脚步，拿出一元钱放到盲人的碗里。

突然起风了，春天的风有些冷。黄绿相间的树叶在风中不停地摇晃着，地上也飞扬着落叶，就如秋天一般。人们的头发和衣襟也被风吹得舞动起来。一排排的楼房静静地伫立在风中，夕阳使它们变得金黄和明亮，那是一种静霭和永恒之美。在街角处，那个卖花的小姑娘又来了。每到这个时候，她都是推着一车鲜花过来卖。她走到旁边的小吃店买了一个烧饼，然后走回到小车旁边，在鲜花的掩映下吃着。一个女孩走过来看了看鲜花，没有买。大概十几分钟之后她走了，今天在这里她没有卖掉一枝花。

街上的人默默地走过，奔向自己的家。大家都沉浸在自己的世界里，自己的孩子、老婆、工作、汽车、同事、父母等。我们也许是善良的，但是我们无暇顾忌别人，我们总是想，当我们有了更多的积累之后再帮助别人。假设我们有了更多的积累后，我们是否也有了新的欲望呢？现在的欲望与有了更多的积累之后的欲望是一样的吗？

如果我们认真地看看自己的内心深处也许会发现，那只是给自己找的一个借口，我们其实一直就知道自己不是那么善良的。

假设我们真的是善良的，我们就不会不认真地倾听朋友的诉说；不会因嫉妒而与同事争斗；不会因为老婆没有按照自己的好恶和感受做事，而与她吵架；不会由于将自己的理想寄托在孩子身上，而逼着孩子做他们不愿意做的事情。我们现在还认为自己真的是善良的吗？我们还坚信自己的积累在以后就会帮助到别人吗？

安东尼·德·梅勒被认为是我们这个时代最伟大的心灵导

师之一，他讲故事的本领无人能及。当然，他讲的都是一些包含真理的故事。其中有一个非常有趣的故事，名字叫《愚蠢的皇太子》，这是从他的书《十字架上的爱》上面看到的。

皇太子很愚蠢，所以国王特地请了个先生来教他。第一次上课时，老师详细地讲解欧几里得的第一定律。

“殿下，您明白了吗?”老师问。

“没有。”这位殿下回答。

于是，老师又耐心地讲解了一遍。

“现在您明白了吧?”

“还是没有。”太子答道。

老师再次重复了一遍定律，依然没有结果。哪怕老师讲上十遍，皇太子还是没有开窍。老师都急哭了，他说：“请相信我吧，殿下！这条定律是正确的，这就是证明它的方法。”

一听这话，皇太子站起身，深鞠一躬，说道：“先生，我对您说的话深信不疑。因此，如果您说定律是正确的，我就会全盘接受。唯一的遗憾是您没能早点儿给我做这个保证，要是那样的话，我们早就开始学习第二条定律，也不会浪费这么多时间了。”

故事结束了，在笑过之后，我们来看看皇太子的想法。他认为只要先生告诉他定律是正确的，那么对证明方法的学习完全是没有必要的。但是问题在于，皇太子为什么会有这种想法呢？当然，我们不能说由于他太愚蠢了，这只是讲故事的方便说法而已。在皇太子的心中，其实必然存在着这样一个根深蒂固的想法，即他认为一切问题的答案都是来自于自己的外部，来自于别人那里，来自于别的地方，而从来没有想到过自己要去探寻答案。

这并不是一个个人能力问题。故事中说皇太子是一个笨蛋，这只是一种外在的表现，而导致这个表现的内在原因正是他头脑中那个隐藏的想法，他从来没想过自己要去探究问题的答案，他习惯了等着别人告诉他答案。在这个观点的支配下，皇太子的学习是被动的，他根本就没有开动脑筋去积极地理解先生所讲解的内容，因为他认为这没有必要。我们的任何行为都受到自己头脑中某个观点的支配，只是在大多数情况下，这些观点隐藏在我们意识的后面。我们意识不到它们的存在，但是它们却无时无刻不在支配着我们的行动。

寓言故事的一个重要作用就是，将我们平时无法看到的隐藏在自己头脑中的那些观点曝光，让它们现身而被我们清楚地看到。

我们观察一下自己，在我们自己的头脑中是否也隐藏着这样一个观点呢？

我们是否也认为一切问题的答案是来自于我们自身之外呢？

我们是否从来没有在遇到问题时，首先想到的是自己去寻找答案？

在我们的头脑中早已接受的那些观点，是经过我们自己探索之后而接受的呢？

还是像皇太子一样，没有经过自己的探索而直接接受呢？

也许现在我们看不到这个观点的存在，当然也就不会承认它的存在。我们并不是在此讨论某个理论或者观点，然后让大家接受。任何观点和理论都不重要，接受与否更加不重要，重要的是当我们第一次了解某些事情或者观点的时候，我们自己真的去探索过了，而且这个探索直接关联自己的生活，因为自己探索过的东西就是自身的一部分，难道还有比这个更加重要的吗？

我们是习惯于向外寻找答案，还是认为答案就是存在于外部？现在，我们是正在问自己这个问题，还是已经开始考虑向其他人或者书中寻找答案呢？

如果我们现在就在观察自己的头脑，那么，我们就能马上知道自己头脑中存在的是哪一种观点。

而这个观察过程本身不就是一种向内的探索吗？

当然，如果我们对这个问题不感兴趣，我们就不会对这个问题进行思考，那么，也就什么也观察不到了。

二、从自身建立竞争优势

已经有了夏天的迹象，空气变得非常湿热，明天必然会有雨。已经过了晚上下班的时间，路上行人少了很多，几个小孩子在大院门口玩耍，大人们站在路边闲聊着，四周透露出闲散和安逸的气息。在路边做生意的人们也开始收拾东西，有人在喊着打折。突然，一阵大风刮过，女人们的长发被吹得飞扬起来，人们纷纷地侧身躲避着大风，那些纤细的树剧烈地摇晃着树枝，把树叶摇得哗哗响。

突然发现，路边有几棵大树，它们裸露着粗大的树根。令人诧异的是，一堆如碗口大的鹅卵石覆盖在那些树根之上，它们非常干净，在灯光下闪闪烁烁。一对恋人在告别，男的站在大院门口迟迟不肯进去，目送着女孩走远。女孩走了很远后，突然回头张望，那个男孩已经不见了踪影。另外一个女孩迎面走来，她走得匆忙，顾不上看周围的一切，大风也丝毫没有影响她。她心中一定是存在着一个急切的目标，比如，见到家人或者吃饭等。

同样的夜晚，不过，不同的人看到的是不同的，因为在这一刻，我们的心是不同的。

心是什么？

剥开掉“心”这个文字或语言，它是什么？

如果我们真的不知道“心”是什么，那么，假设所有的一切都有“心”的烙印，我们将如何认识事物本身呢？

我们看到的到底是事物的本身，还是我们的“心”的投射呢？

“心”到底是什么？

这个答案可以研究出来吗？

或者可以被讨论出来吗？

或者可以从权威、书本那里学习到吗？

我们都有“心”，为什么不在观察自己“心”的过程中得到答案呢？

一旦我们真的看到“心”本身，也许我们会发现一些崭新的东西，它们存在于“心”之外。

那么，它们是什么呢？也许是“爱”，是那种与自我无关的“爱”，因为“爱”也不存在于“心”之中。这不是结论，每个人的结论来自对自己的“心”独立的探索过程。

也许我们从来没有意识到，我们内心深处一直习惯于向外部寻找答案，或者，从来就没有想过会有这样一个问题，我们也许无法分清楚何谓内部及外部。我们关心的是如何有效地解决问题，如何找到解决问题的正确答案，或者，如何更加有效地思考。解决这些问题本身也同样存在这个问题，即我们是从外部寻找答案，还是通过自己的努力而得到答案呢？

不管我们是如何看待这个问题的，先不忙着下结论，现在最关键的是要正视这个问题，先看看这个问题到底是什么意思，我们集中所有的注意力观察它，而不是判断和分析。如果我们不愿意深入地观察它，或者无法静心去观察它，那么，也可以先从我们身上经常发生的一些现象找到这个问题的蛛丝马迹。然后，假设发现了一些蛛丝马迹，也许就会愿意继续深入下去，看看自己的内心深处，观察那个观点到底是否存在，以及它到底是什么？

一对结婚不久的夫妻因为一件小事发生了激烈的争吵，妻子一气之下回了娘家。经过一个多月的分居生活，双方的心情都逐渐地从生气怨恨转向希望和好，最后，不管是哪一方采取主动，双方又和好如初了。妻子回家后，丈夫拿出两本书说：“我买了两本有关改善婚姻生活的书。我看过了，觉着自己真的缺点很多，书上说得非常有道理，建议你有空也看看吧！”妻子说：“好啊！我也想学习有关婚姻生活方面的知识，这样的话，我们今后就会少吵架了。”

我们暂且不管这对夫妻在看过这些书之后，是否就不吵架了，或者吵架的次数和剧烈程度明显降低了，我们主要是看看他们对待吵架这个问题的处理方式。显然，他们读婚姻方面的书是一种向外寻求答案的方式，他们认为自己借鉴别人的经验和理论可以改善自己的婚姻状况。假设在看书之前，他们首先深入分析为什么会吵架，以及吵架的危害等，那么这就是一种向内寻找答案的方式。

不过，分析吵架的原因并不是指对引起吵架的那个事件的分析，对这个事件的分析仍然是向外寻求答案的表现，因为那个事件并不是引起吵架的真正原因，而他们双方对那个事件的想法、观点和反应才是引起吵架的真正原因。当然，在面对那个问题时，他们双方为什么会有那种想法、观点和反应是更加深入的原因了。对这一切的探究过程，就是一种自己努力向内寻找答案的行为。

自己寻找答案并不是在反对读书。假设在对自己内心的观察和分析当中，对吵架这个问题的探索过程中，遇到了困惑和自己无法解决的难题，再去寻找相关书籍、专家和朋友等的帮助，就会出现一种“恍然大悟”的感觉。这种感觉会将对知识的理解变成我们直接的行动，否则，如果我们没有经历过对问题的探索过程，而直接去读书或找朋友帮助，那些读来和听来的知识最多变成了我们思想上的一种理解。

思想总是瞬息万变的，我们如何能够保证思想上的理解能够阻止下一次吵架呢？

在下一次即将吵架时，我们的头脑中难道不是装满了自己的愤怒、埋怨和不满，以及自己的想法、观点和感受吗？

原来我们理解的那些知识和道理，在吵架的前一刻，它们在哪里呢？

还在自己的头脑中吗？

它们会在用到它们的时候马上出现吗？

关键是我们又如何能够保证呢？

因为作为保证的那个想法不也是一个思想吗？

一个思想如何保证另外一个思想呢？

针对这一切，我们是否思考过，是否观察过？

在日常的生活中，我们总会与别人发生一些矛盾和冲突，不管是夫妻之间，还是父子之间、朋友之间，以及同事之间，甚至是陌生人之间。但是，只要我们是习惯于从书本、老师、专家、朋友、家长等那里寻找答案，我们就是在从自己的外在寻找答案，我们就是希望从别人那里拿来一个现有的答案给自己用。那么，我们在平时与其他人吵架之后，在反省自己的吵架行为时，是从哪里寻找解决方案的呢？

总之，每当遇到问题时，我们首先想到的是从老师、权威、专家、领导等那里寻找答案，或者不加思考地听从这些人的话，那么，我们就是一个习惯于从外部寻找答案的人。为什么在图书市场，成功学和个人传记类的书籍需求如此之大，不正是由于我们想从那些已经成功的人那里寻找到自己成功的秘诀吗？我们不是在反对看这些书，我们只是在试图指出这样的思考方式或行为方式是从外部寻找答案。

如果我们看清楚了这一点，那么我们就会发现还有另外一种寻找答案的方式，即通过自己的努力对问题进行探索。我们无须比较这两种方式的优劣，这不是我们讨论的重点。如果我们真的认识到自己一直习惯于向外寻求答案，那么，转变就会自动发生，我们将会开始走上自己对问题本身的探索之路。

讨论是一个与吵架相似的话题，或者吵架是讨论的后期。我们是否注意过自己在讨论中的一些习惯性的行为？比如，当别人的观点与我们不同时，或者别人对我们的观点提出质疑时，我们是如何反应的呢？我们是不是马上说："你是错的。"然后，接下来证明自己是对的呢？

相反，还有一种完全不同的讨论方式。假设当我们面对不同观点时，不是与自己的观点进行比较，而是追问对方为什么持这种观点，他们的证据是什么，他们是用什么逻辑推导出他们的结论的。

显然，第一种讨论方式是将注意力放在自己和对方的观点上，而没有放在问题本身上。可以这么说，**只要我们的注意力没有放在问题本身上，而放在问题本身以外的任何东西上，包括我们对这个问题的看法和观点上，我们都是在从外部寻找答案。**我们对问题的看法和观点并不是问题本身，当然问题的解决方案也不是问题本身，如果我们能够始终看清楚这个事实，那么，我们就能够很容易地发现自己确实是在向外部寻找解决方案。接下来，转变就会自动发生。

从一个企业的角度来看，有一个非常明显的现象说明我们是否习惯于从外部寻求答案，这就是关于"模式"的问题。比如，在零售行业，很多超市热衷于讨论和学习家乐福模式与沃尔玛模式，然后进一步又开始讨论中国的零售业模式。不管是谁的模式，总归是别人的东西。当然，我们从别人的模式中可以学习到有价值的东西。但是，如果我们将自己的精力和热情，更多地投入到对自己企业问题的探索中去，那么，我们就是走上了一条与向外追寻答案相反的道路。

对模式的学习和借鉴无疑是与创新截然相反的，创新就是在打破所有的已有模式。虽然学习和借鉴别人的模式很快捷，也许很有效果，但是毕竟这不是创新，我们不能一边在模仿别人的模式，一边喊着要创新。这不是自欺欺人，就是肤浅到自己没有认识到两者的对立性。那么，创新的本质是什么？创新并不是对现有模式的颠覆，而是来自对问题本身的探索过程中。

亚马逊的 CTO 沃纳 · 威格尔对创新有一个精彩的认识，他认为："不一定需要模式的颠覆或者是创造一个现在没有的东西，而是从用户体验角度去改善产品，就会意外收获创新。"创造一个现在没有的东西，同样是以现有模式为出发点的，因为没有现有的模式，哪里来的现在没有的东西呢？而他说的"从用户体验角度去改善产品"，不正是对问题本身的探索吗？显然，他采用对问题本身进行探索的方式，而不是将注意力集中在外部的模式上，或者其他一切外在的东西上。当然，他这段话是针对产品创新而言的。

其实，很多优秀的商业管理理念的创立，正是对企业自身问题进行反思的结果，换句话说，就是企业将建立竞争优势的机会，从企业外部转向企业自身。比如，彼得 · 德鲁克在提出

“知识工作者”这一概念的同时，强调了“知识工作者”应该采取“自我管理”的方式。什么是“自我管理”？就是在工作中为自己制订工作计划，为自己遇到的问题寻找解决方案，自己反省并控制工作的进度，自己主动需求其他人的支持。

德鲁克不正是希望我们变得更加独立和有思想，从而自己面对和解决工作中遇到的问题吗？这与完全听命于领导，以及遇到问题就找领导的传统管理方式截然不同。显然，传统的管理方式是建立在遇到问题就向外寻求答案的基础上的。不仅如此，实际上，“知识工作者”和“自我管理”的提出，还为“跨部门沟通”“无边界管理”“矩阵式组织结构”等其他管理理念的提出奠定了基础。

总之，这一切都来自一个基本观念，**即在遇到问题时，我们首先对问题进行探索。这就意味着我们要为问题的解决负有全部的责任，我们要运用自己的聪明才智和责任心去探索问题。即便当我们必须要寻求外部的帮助时，也是在自己对问题进行充分的探索之后。而且，在我们决定接受任何一个外部答案之前，必须对外部的答案进行充分地质疑。这个质疑的过程，仍然是一个对问题探索的过程。**

另外一个例子是企业的“核心能力”。1990 年，普拉哈拉德和哈莫在《哈佛商业评论》中首先提出这个概念。“核心能力”的产生代表了一种企业发展的观点：“企业的发展由自身所拥有的与众不同的资源决定，企业需要围绕这些资源构建自己的能力体系，以实现自己的竞争优势。”实际上，“核心能力”就是让企业在面对市场时，首先要考虑自身问题，通过改善自身因素来提高竞争能力。

也就是说，“核心能力”理念在提醒企业应该走出一个误区，即将自己的主要精力放在寻找竞争对手的缺点上，认为这样就能打败竞争对手。虽然，这种方法确实可以有效地挑战竞争对手，但是，也容易遭到竞争对手的强烈反击，在你来我往的博弈中，谁胜谁负绝不是必然的。即便企业将主要精力投入在消费者身上，也存在一个风险，即竞争对手同样有足够的精力和能力研究消费者。

而且，研究消费者能力的高低，以及对消费者的研究结果和理解程度，并不是依赖于企业的外部，即不在消费者自身那里，仍然要取决于企业的内部因素，比如，人才、企业知识积累、激励政策和管理效率等。换句话说，**企业在市场上的一切行为的效果和效率，都取决于企业的内部因素，因为所有的工作都是由企业内部的人做的，并通过其管理得以实现的。**

虽然这个道理看起来很简单，但是企业在经营过程中，很容易就不知不觉地将眼光放到企业的外部，毕竟差异是从外部表现出来的，从而忘记了一切外部优势的建立基础是内部优势的存在。内部优势的建立与竞争对手无关，竞争对手无法模仿，也无法直接反击。因此，企业“核心能力”理念的提出，正是对一直以来企业从外部建立竞争优势行为的反思。它告诉了企业一个一直被隐藏的道理，市场上的一切问题或者优势都源于企业的内部。

需要注意的是，不管是“自我管理”，还是“核心能力”，或者是其他的管理理念，一旦我们将视为一个理念而学习和运用时，它们很容易又被我们当成一个模式，那就意味着它们变成我们外部的一个东西，那么，我们就又是在从外部寻找解决问题的答案。

假设推行“自我管理”能够解决企业的某个问题。但是，如果企业在推行之前并不是依据于对这个问题的深入探究，而只是感觉这个模式比较好、很新颖，或者被很多专家所推崇，或者被很多企业所运用，我们被告知它有多神奇，能够解决很多问题，包括我们的企业所面临的问题，那么，我们就是在从外部寻找答案。反之，如果我们关注的焦点是企业所面临的问题本身，然后发现“自我管理”模式刚好能够解决这个问题，那么，“自我管理”模式将会真正地给予企业以帮助。

三、不断追问

开始下雨了，天气骤然变冷，空气中到处弥漫着潮湿的味道，被雨水冲刷过的柏油路闪着亮光。对面的楼房隐映在层叠的绿色之中，由外向内，颜色由浅逐渐加深。最外面的是浅黄色，中间部分是浅绿色，最靠近楼房的是那些细细高高的树木带来的深绿色。那是一种带有层次感的美，当凝神专注它们时，就融入那片颜色中。没有人注意这些，人们怀着各自的目的匆匆走过，汽车一辆接着一辆从那片绿色下面驶过。

树叶被洗得一尘不染，好像它们就是颜色本身，耀眼的颜色使它们脱离了物质特性，树叶消失了，只剩下颜色在风中摇曳。只有在此时，我们才可以说绿色的形状像是树叶，还可以说绿色的重量在雨中增加了。

假设当我们看着那些树叶时，头脑中没有给它们命名，我们没有带着“那是梧桐树的树叶”以及“那是树叶”的概念看它们，那么，我们会看到什么？千万不要推理，因为我们看到的是超出思想之外的东西，我们只要全神贯注地看着它们，头脑中不带有一丝想法。没有人能够把答案告诉我们，它就在我们的观察之中。

如果我们摈弃了“坐等”答案的思维习惯，必然会走向一条自己主动探索问题的道路。在走上一条新的道路之前，我们需要搞清楚这条道路的所有情况，我们需要尽量熟悉它。

什么是主动探索问题？

这种方式与向外寻求答案有什么本质的区别？

主动探索问题对我们来说到底意味着什么？

它的本质含义是什么？

我们如何开展对问题的探索？有哪些基本的方法？

首先需要确认的是，我们并不是要试图替社会学家、科学家、政治家等解决问题，除非我们就是社会学家、科学家、政治家。这里所说的问题是指我们在日常生活和工作中遇到的，所有这些问题都是围绕我们自己的。它们就发生在我们身上，它们是我们必须亲自去体验和处理的，没有人能够代替我们去面对它们，面对它们我们无从逃避。

虽然我们的亲人、朋友得了重病，我们也许不是医生，也许在经济上也不富裕，所以我们无法亲自为他们医治，也无法替他们支付全部的治疗费。但是，我们对他们的担心、同情、无奈、焦虑、自责等，则是我们自己的问题。这些问题我们必须自己去面对，就如病人必须面对自己的病痛一样。

那么，什么是自己探索问题呢？

这句话本身是什么意思呢？

我们先不要讨论如何对问题展开探索。

对问题进行探索就是思考。

思考是我们每个人头脑中的一种功能，虽然我们看不见思考本身，但是它对我们来说并不陌生，关键是我们在面对问题时，是否在应用思考这个功能。换句话说，我们自己对问题进行探索就是积极主动地运用自己的思考能力。如果我们习惯于从外部寻求答案，那就表明我们喜欢利用别人的头脑进行思考，而自己却停止了思考。

总之，我们自己对问题本身进行不断地思考，就是在探索问题。

思考就是探索。

我们举个例子。不管我们从事什么职业，我们都听说过或知道“品牌”这个词，尤其是作为企业经营者和营销人员。

但是，到底什么是品牌呢？

品牌本身是什么呢？

我们是否思考过这个问题？

当然，我们可以从书本、辞典、互联网上，以及老师那里得知，但是，这是一种从外部寻求答案的做法。

换句话说，如果在了解什么是品牌之前，我们自己没有对“什么是品牌”这个问题进行深入的思考，而只是从别人那里了解到什么是品牌，那么，我们对品牌的认识只能停留在概念和理论的层面。即便我们在努力地思考理解那个品牌的概念或理论是什么意思，但是，我们是否想过，我们的思考不是针对“品牌是什么”这个问题本身，而是对品牌这个概念和理论的思考。

我们是否意识到这两者之间的差异？虽然它们都是思考，但是，这是两种截然不同的思考，前者是对问题本身的思考，而后者是对文字和语言的思考。不管这些概念和理论在讲些什么，但是它们本身都是语言和文字，它们并不是问题本身。因此，我们想一想，我们为什么不针对问题本身进行思考，而仅仅是针对语言和文字进行思考呢？

品牌的定义有很多，这个定义比较精彩：“品牌是品牌经营者（主体）和消费者（受众）互相之间心灵的烙印。简而言之，品牌就是心灵的烙印。”

但是，这段话应该如何理解呢？

什么是“心灵的烙印”？

心灵留下烙印后是什么感受？

我们是否能够完全领会呢？

不仅是品牌，其他很多东西都可以对心灵形成烙印，那么，作为“品牌”来说，它与其他的东西给心灵留下的烙印有什么不同呢？

我们是否想过以上这些问题呢？如果没有想过，那么，我们可能就无法真正领悟到底什么是品牌，或者，我们对品牌的了解还是局限于文字和语言上的。因此，我们必须抛开品牌的定义，先针对“品牌是什么”这个问题本身进行思考，然后，再参考和学习其他人对品牌的理解。这就是一个自己探索问题的过程。

下面这段话是我个人对品牌的理解。当然，这是我在看到以上这个定义之前，根据自己的工作体验和思考而得出的，也许与这个定义有些不谋而合之处。不管我对品牌的理解是否正确，但是，这是我在探索“什么是品牌”这个问题的过程中产生的想法，而不是对别人、对品牌的理解的解释。

“当成为一个真正品牌的时候，意味着在每个消费者的心中都已经形成一个对这个品牌的认识，而消费者们对品牌总体上的认识就形成这个品牌的内涵本身。也就是说，此时，品牌已经不完全属于企业了，或者完全不再属于企业本身，这个品牌实际上存在于消费者的心中。

因此，为了维护品牌的发展，企业与消费者的沟通至关重要。企业不能再根据自己的意愿而随意改变品牌的内涵，消费者不会接受。企业需要询问消费者心中对品牌的认识，然后通过各种手段不断完善品牌。

总之，品牌是一个存在于消费者心中的东西，并不归属于企业。

那么，什么是思考？

我们是否思考过什么是思考？

这不仅仅是心理学家、科学家、哲学家和宗教家的事情，我们每个人都在思考，而且它几乎无时无刻不跟随着我们，与我们的关系如此紧密的一个东西，我们自己为什么不去探究呢？

如果等待其他人给我们答案，那不又是一种向外寻求答案的行为吗？

我们不就成为《郑人买履》寓言中的那个人了吗？

他宁愿相信根据自己的脚量出来的绳子，也不相信自己的脚。

如果我们认真地观察自己会发现，思考的过程是无法被观察到的。因为，真正的观察是需要我们付出全部的注意力的，而真正地深入思考同样需要我们付出全部的注意力。因此，思考时无法观察，而观察时无法思考。那么，我们如何了解什么是思考呢？

当然，思考也无法思考其自身，思考本身不能成为思考的对象。实际上，意识到思考的重要性，意识到我们必须独立思考，意识到我们思考的对象应该是问题本身，而不是别人给出的答案，这就足够了。

虽然我们无法深入到思考的内部，但是，我们仍然可以看到思考的表象。**思考不是在寻求答案，而是针对问题本身不断地问“问题”**。比如，针对“品牌定义”这个问题，我们会不断地追问。

“什么是品牌？

“品牌的本质是什么？

“品牌的内涵是什么？

“品牌是由哪些因素构成的？

“品牌是如何形成的？

甚至我们可以这样问：

“品牌是什么？

“品牌到底是什么？

“什么是品牌？

“品牌是个什么东西？

“品牌是一种感觉吗？”

总之，我们对一个问题不断地追问，不管是问了很多问题，还是一直在问同一个问题，只要是针对问题本身的提问，这就是在思考。

也许我们会想，难道思考问题本身不就是为了获得答案吗？

不断地问问题不也是为了得到答案吗？

如果我们进行真正的思考，那么，确实不是。

为什么呢？如果我们是为了得到答案而探究问题，那么，在我们的内心深处是将问题本身及其答案分开来看的，也就是说，我们认为问题本身与其答案是完全不同的两个东西。我们想一想，如果问题本身与其答案是完全不同的两个东西，那么，我们如何能从对问题本身的探索而得到那个外在的答案呢？

如果答案与问题本身是截然不同的东西，那么我们就不需要对问题进行探索，而是直接探索答案本身。而且，如果答案本身就在问题之外，那么，我们自己得到的答案与其他人告诉我们的答案又有什么区别呢？

它们都是问题之外的东西，其本质是一样的。如果是这样，我们又回到了最开始的问题，我们依然是从外面寻求答案，而不是通过自己对问题本身的探索而得出答案。

因此，我们无法从问题的外部获得解决方案，或者外部的解决方案并不是解决这个问题的最根本的方法。我们为什么不只是单纯地对问题本身进行深入的探索呢?

在对问题的探索过程中，为什么不彻底忘掉对答案的渴求呢?

我们不要受到渴望答案的干扰，而是仅仅抓住问题本身深入地探索下去，围绕着问题不断地问问题。只有保持如此的单纯，我们的探索才能不至于半途而废。

但是，那答案呢? 答案从何而来?

就像播下种子，就会结出果实一样，只要我们播下思考的种子，播下对问题本身探索的种子，那么，答案这个果实自然会成熟。换句话说，随着对问题本身探索的深入，答案会自动浮现出来，它总是不期而遇。答案就在那里，随着对问题的探索的深入，我们会突然发现它。我们没有发明一个答案，只是发现了它而已，而问题本身恰恰是引领我们发现答案的唯一向导。

牛顿只是一直在想，重力是什么? 重力是如何发挥作用的? 重力对物质的影响是什么? 重力的本质是什么?

在苹果落到他的头上之前，他对答案一无所知，他心中只是充满着对重力这个问题的探究和疑问。

总之，单纯地围绕着问题本身不断地提出问题，这就是对问题本身的探索，这就是我们所说的“思考”。

四、对问题负责

夜幕降临了，一切都隐藏在黑暗之后。清风一阵阵吹过，那些细高的树木随风摇曳，它们高大的身子整体摇晃着，缓慢而优雅。而那些矮一些的树木则与风有另外一种游戏，无数的叶子在风中剧烈地颤动，在月光和灯光的掩映下，黑夜中嫩黄色的树叶反而是一片白色，就如落上了一层薄薄的白雪。

四周很安静，只是偶尔传来风吹树叶哗哗声。街上没有几个行人，汽车也很少。楼房和那些高大的树木，静静地伫立在黑夜中。每一棵树都是不同的，每一栋楼房也是不同的，不是指它们的外观不同，而是说它们内在的意识是不同的。对，它们是有意识的，它们每一个都是一个与众不同的生命。

此时，各种道德、法律、纪律是不需要的，我们不会去破坏另外一个活生生的生命。这并不是由于它们与我们建立了感情，或者我们在同情它们，与我们的“自我”完全无关，而是由于我们真的感受到它们活生生的意识和感觉，我们看到了跳跃在它们躯体内的生命之火，一种对生命的敬意便油然而生。

同样，当我们真的感受到另外一个人的意识和感受时，不管他是谁，我们都会全心全意地爱他。因为此时感受到的他就是全部生命的代表，就是那个给我们以意识的生命力本身。我们爱的是隐藏在身体和“自我感”之内的生命本质，而这个生命本质就是爱本身。

只有在没有“自我感”的纯然观察时，我们才能体验到那个爱。

现在，也许我们的头脑中开始思考，如何才能改变向外部寻找答案的思维习惯呢？

如何使我们的头脑习惯于对问题本身进行探索呢？

但是，我们是否想过，如果我们问了这些问题，恰恰表明我们仍然是在向外部寻求答案。当然，如果这些问题是在问我们自己，那么，这就是对“如何改变向外部寻求答案的思维习惯”这个问题本身进行的探索。

我们必须要用语言或者文字表达我们的思想，只要我们真的是认真和诚实的，那么，我们就可以共同展开对这个问题的探索。我们已经很清楚了，对问题的探究不能从寻求答案开始，我们只能反复地问自己：“如何才能改变向外部寻找答案的思维习惯呢？如何使我们的头脑习惯于对问题本身进行探索呢？”

但是，一旦提及“如何”，那就意味着想获得某种方法。当我们说“如何做某事”时，其实就是在说“用什么方法做某事”。我们想一想，**“方法”与“答案”在本质上都是一样的，它们都是问题本身之外的东西。因此，我们也不能从寻找某种方法的角度，去思考如何改变我们固有的思维方式。**那么，我们到底应该如何思考这个问题呢？

既然要围绕着问题本身进行探究，我们首先需要搞清楚的是这个问题到底是什么？

我们先不要考虑如何解决这个问题，急于解决问题的想法不正是推动我们从外部寻找答案的一个内在原因吗？

因此，我们先要看清楚“从外部寻找答案是什么”。

什么是“对问题本身进行探索”？

问题本身是什么？

外部的答案又是什么？

同样的，我们不要试图从外部寻找答案，而是认真观察自己的内心，看看在遇到问题时，我们的内心是如何反应的。然后，我们就会看明白：什么是问题本身，什么是外部的答案，原来它们是完全不同的两个东西，哪些反应是在从外部寻找答案，哪些反应是对问题本身进行的探索。然后，我们就知道了自己是不是习惯于从外部寻找答案。

当我们真的看到了什么是“从外部寻找答案”，而且看到了我们确实是习惯于从外部寻找答案，那么，我们不仅明白了它们到底是什么，更为重要的是，就像看到毒蛇就会下意识地跑开一样，改变的行为自动就会发生。也就是说，我们无须考虑如何改变，关键是真的看到“从外部寻找答案”这个事物本身，而不仅仅是文字和思想上的理解，那么，改变会自动发生。

这不是理论和道理，这是一个被观察到的事实。如果我们对此非常重视，那么，就可以通过观察自己而得到印证，思想中的逻辑分析对这个问题毫无意义。我们一再提及观察自己的内心，那么“观察自己的内心”这个问题本身到底是什么？观察到自己的内心到底是一种什么样的感受？当然，最好的方法仍然是我们观察自己的内心，然后，就会有切身的感受。这个感受就是“观察自己内心”这个事物本身，如果我们真的感受到了，就会知道它与在文字和思想中的理解完全是两回事。

如果我们认真观察自己的内心，就会看到当从外部寻找答案时的心理状态，那是一种依赖性。不仅是指对书本、专家、领导、老师、朋友等的依赖，而是对答案本身的依赖性。在我们的头脑中，在不易发现的潜意识中，我们总认为在外部有一个答案，不管是在书本上，还是在老师、领导那里。我们总是用二手的知识解决当前的问题。这些二手的知识也许已经流传了很多年，但是我们仍然信任它们。因为我们认为它们都是答案，我们所要做的就是从中选择出自己认为对的那个。

如果我们没有对问题本身进行过深入探索，也就是说，我们并不完全了解问题到底是什么，那么，我们怎么判断外部的答案能够解决这个问题呢？

任何外在的答案都是发生在问题发生之前。

正如古希腊哲学家赫拉克利特所说的：“人不能两次踏进同一条河流。”因此，我们也不可能两次经历同一个问题。这也就是说，没有一个已有的答案完全适合当下刚刚发生的问题。

当我们用已有的答案解决当下问题的时候，我们实际上是拿着过去的东西看现在，我们戴着过去的有色眼镜，这就意味着我们看到的仍然是过去的东西，我们根本没有看到当下发生的一切，不是吗？

在依赖性心理的背后，其实还隐藏着我们对生活和工作的懒散、倦怠、不认真、不负责任等心理状态。毕竟对问题的探索过程要比从外部寻找答案艰难得多。一旦我们的内心放松了对解决问题的责任时，或者不再想精益求精时，或者想走捷径时，我们就会自发地放弃对问题本身的探索，而转向到外部寻找答案。

依赖性心理的反面就是独立。独立就是“依靠自己的力量去做某事”。当我们的内心是独立的时候，一旦我们遇到问题，首先想到的必然是自己先去解决，而不是求助于别人或书本。这同样是一个自发的过程，独立性与依赖性一样，它们躲在我们行为和想法的背后，但是它们却是这一切的推动力量。如果没有对自己内心进行深入的观察，我们是无法意识到它们的存在，以及是如何发挥作用的。

我们不是在说行为和思想上的独立，我们是说内心的独立状态，这是我们内心的一种品质。**独立的内心就是对问题负责，就是对自己负责，就是对自己的生活和工作负责。**而且，**当我们真的为自己负责的时候，我们就是在为别人负责，因为我们每个人都生活在各种关系之中，我们的每个想法和行为都会影响周围其他人。**如果一个对待自己马马虎虎的人，却想着尽力服务于其他人，这只是他自己的一个想法而已，实际上他无法给别人带来真实的帮助。

当我们把视线收回来看向问题本身时，我们的头脑中也就忘记了猜疑、利益、脸面、自尊，我们关注的只是问题本身。我们所有的能量都用于探索问题本身，没有丝毫的浪费，那么，问题怎能不被我们解决呢？

如果在我们探索问题的过程中，听到或看到任何答案，我们不会马上接受，而是先去质疑。如果我们习惯于对问题本身进行探索，如果我们具有了独立的内在品质，那么，我们对答案的质疑是自发的。

质疑某个东西，并不是在反对它，而是指我们不会因为给出答案的人是权威、专家、领导、老师就接受它，我们会对答案本身进行探索，然后，再决定是否接受它。在探索之后再接受它，这个答案就变成了自己的想法，已经不再是权威、专家、领导、老师的了。

其实，在本书中我们为什么喜欢问问题，而不是直接给出答案呢？也许我们不喜欢或者不习惯这种方式，但是，如果我们总是提出一些观点或理念，那么，我们大家其实是被暗示、被动地选择接受与不接受了，我们也许就停止了对正在讨论的问题的探索。如果我们提出问题，那么，对问题的共同探索也就开始了。通过自己的探索而得到的认识是我们自己的，不再是书中的文字。

如果在我们的头脑中，装的都是对问题探索过后的认识，以及经过质疑之后外部的答案或知识，那么，我们就拥有了一个真正的自己。我们就是一个真正的人类。

因此，如果真的想解决问题，请向问题内部看，请看问题本身，并探索它！

思考习惯六：不要用概念思考

一、不要迷失在语言和文字构成的名称中

隐隐约约地听到窗外落雨的声音，以及过往的汽车行驶在雨水中的哗哗声。行人很少，一切都被笼罩在一片宁静之中，在上海这样的一线城市之中，这是极其难得的。这是真正的宁静，既不是由于人和车少了，也不是吵闹声少了，而是人的心安静了。不是指我们的心安静了，而是我们大家的心都是安静的。因此，这种宁静不是眼睛和耳朵这些感觉器官所能发现的，而是内心最直接的感受。

雨越下越大，细细的雨丝在微风中倾斜着落下。晾衣服的栏杆上挂满了晶莹透亮的雨滴，树叶被雨水洗得一尘不染。空气是潮湿而凉爽的，并弥漫着淡淡植物的香气。这时，突然有一股凉风从小腿拂过，感觉到微微的一点凉意。听不到雨打落

在遮阳篷上的响声了，原来雨慢慢地停了。说话声、汽车驶过的声音又突然冒了出来，它们刚才一直被雨声掩盖了。

我们是否试过真正的感恩，不是口头上的感恩。让我们的内心平静下来，然后感受着周围的一切，听着那雨声、说话声、汽车鸣笛声，看着人们打着雨伞慢慢走过，看着那个熟食店老板默默地切菜，甚至看到了她的红围裙上的一片油迹。如果我们看到和听到了这一切，那么，我们的内心的确是平静的，头脑中所有的思想都停止了。当内心进入这种状态时，我们开始为现在感受到的这一切感恩。

感谢有这么凉爽的天气，既不冷也不热，感谢胃中是充实的，感谢身体健康无病，感谢来来往往的人群不使我们感到孤单，感谢斜风细雨给我们带来了一种悠远的情怀。就在我们感恩的同时，是否突然升起一种活在当下的感受。周围的一切都变得更加真实，我们自己已经消失不见了，我们就是那雨、那风、那说话声。

如果我们还没有真实地体会过活在当下的感受，那么就从感恩开始吧！感恩时的体验就是活在当下，同时，当我们活在当下的时候，会自然而然地感恩周围的一切。这不是推理，我们只能自己切身去感受。

而且，我们是否体验到，在感恩的那一刻，世界是完全美好的，一切负面的、消极的、不愉快的事情都消失了。我们不再觉得嘈杂，因为那些声音使我们远离了孤单；我们不再觉得冷，因为这是暑热中难得的清凉；我们没有感觉到雨水干扰了我们的户外行动，反而感受到“斜风细雨不须归”的意境。

这完全不是头脑中的想象，而是在感恩时的真实感受。

所以，感恩能够给我们带来真正的快乐，这种快乐并不是来自给予及回报，它超越了给予的快乐和得到回报的快乐，它就是一种单纯的体验，并没有什么理由。因此，我们无须关注理由和理论，也无须关注快乐和幸福，我们只要将全部的注意力都关注在感恩本身就足够了，快乐和幸福会悄然而至。

有一个很有趣的故事，名字叫《印度的树》。

一个有智慧的人说："在印度有一棵树，如果你吃了那棵树的果子，你将不会变老也会永远不死。"

关于"那棵树"的故事传开了，最后，有一个国王派出他的特使到印度去找那棵树。人们嘲笑那个特使，他们拍他的背大声地说："先生，我知道那棵树在哪，但它在森林的深处，你需要一把梯子！"

他继续寻找了好几年，各种可能的方向都尝试过了，觉得很愚蠢。当他打算回到国王那儿时，他遇到了一个智者。

"伟大的老师，请您好心告诉我怎样才能找到那棵树。"

"孩子，这并不是一棵真树，虽然它一直被这么称呼着。有时它会被称为一个太阳，有时是一片海洋，或一朵云。这些字眼全都指向来自一个'真人'的智慧，这智慧有许多的作用，其中最小的就是永恒的生命！同样的，一个人可以是你的父亲却同时是另一个人的儿子，是另一个人的叔父也是另一个人的侄儿，所以你在找的东西有许多名称，却只是一个存在。

不要只是寻找其中一个名字，要超越而不要执着于任何一个名称。”

人类之间所发生的每一场战争及每一个冲突，都是因为一些名称上的争执。那是非常不必要的，因为就在争吵的不远处，有一张友谊的长桌，已经摆好等着我们坐下。

国王的特使找了好几年，实际上一直在找一个名称而已。一个由语言和文字构成的名称怎么能在头脑之外找得到呢？智者提到的那个“真人”看到了真理，然后，在他的头脑中形成了对真理的认识。但是，这个认识已经不是真理了，仅仅是他头脑中的一个想法。虽然，这个想法是对真理的正确描述，但是，它们已经是两个完全不同的东西。

然后，这个“真人”或者有智慧的人，在某种场合下，对别人说出了这段话：“在印度有一棵树，如果你吃了那棵树的果子，你将不会变老也会永远不死。”这句话只是在这个场合下，对自己认识到的真理的一个描述或者比喻。那么，听到这句话的人必然也会在头脑中产生一个想法，而这个想法是对“真人”说的那句话的理解，因此，这个想法与真人的话又是完全不同的东西。到此为止，我们已经认识到了，我们头脑中的这个想法距离真理本身有多么遥远啊！在它们之间隔着好几层的想法，而每一层想法就是认识真理的一个障碍。

这个故事就是在告诉我们，千万不要把由语言和文字构成的名称，当作其指代的对象本身。如果我们这么做了，将会一直被名称所困扰，而永远找不到那个实际存在的对象。其实，不仅是那个深奥的真理，**我们在日常的生活和工作中，也经常迷失在语言和文字构成的名称中，渐渐地忘记了我们是生活在真实的事物和关系之中。**

在商业领域，品牌是一个极其重要的概念。当然，品牌不仅仅是一个商业概念，它还是一个实际存在的事物。品牌这个名词是在给品牌这个实际存在的事物命名，一提到“品牌”这个名称，就是在指那个实际存在的事物。但是，我们是否在提到或者听到“品牌”这个名字时，马上就联想到了“品牌”那个实际存在的事物呢？

我们可以从对品牌的定义中了解什么是品牌，但是，我们真的看到过或者感受过“品牌”那个实际存在的事物吗？如果从来没有看到过或者感受过，那么，我们在听到或者说到“品牌”这个名字时，我们联想的只是品牌的定义，不是品牌本身。那么，到底什么是品牌本身？什么是品牌这个名字所指代的那个实际存在的事物？

显然，品牌本身是一个存在于我们内心的东西，虽然它是一个实际的存在，但是我们的五官无法感受到它的存在。因此，即便我们真实地感受到品牌本身，我们也很难用语言描述它是什么？一旦描述了，那么就与品牌的其他定义没有什么差别了，不是吗？那我们就尝试描述一种场景和感受，如果我们曾经经历过同样的场景和感受，那么，也许我们就能突然意识到品牌本身是什么。

当我们在超市购买洗发水、饮料、电视等商品，正站在货架前进行选择时，如果促销员走过来向我们推荐某个品牌，或者我们自己看到某个品牌在做促销，价格非常便宜，而我们最终还是买了那个自己心中想买的品牌，这个时候我们容易感受到什么是品牌。我们当时的表现也许是一种固执，为了自己想买的这个品牌，我们也许不再顾及对促销员的尊重或者同情。即使对促销员抱有愧疚之心，我们仍然坚持买我们喜欢的品牌。

另外还有一个场景，假设在货架上没有找到我们想要买的那个品牌，这个商品在超市缺货了，那么，我们最终决定去其他的超市购买。虽然我们觉得另外一家超市距离很远，为了购买这个品牌的产品而单独跑去有些不值得，但是，我们最终还是去了。我们体会到了吗？就在我们内心各种感受斗争的过程中，我们也许突然看到了“品牌”这个东西本身。在这一刻，我们超越了“品牌”这个名词和概念。

比如，“认真”这个词，我们都理解“认真”的意思。我们经常说：“我在认真听课，我在认真工作，我在认真地听你讲话，等等。”但是，我们真的感受到过“认真”这个词所指代的那个实际存在的事物吗？即“认真”本身。当我们说我们很认真的时候，我们头脑中联想到的是“认真”这个实际存在本身呢，还是停留于“认真”这个词的字面意思呢？那么，我们试着看看“认真”本身是什么吧！

假设我们在听一个人讲话，就在倾听的过程中，我们的头脑中没有任何杂念，只有对方的谈话内容，而且，我们不断地发现对方谈话中的问题，或者令我们感兴趣的地方，因此，我们总是忍不住向他提问。也就是说，在整个的倾听过程中，我们的内心几乎没有产生任何一个与对方话题无关的念头。如果我们真的是这样倾听的，那么我们确实是“认真”的。

也许我们都曾有过这种倾听的经历，如果我们记住了当时的感受，那么，我们就知道了“认真”本身是什么。那么，当我们再次给别人说：“我会认真听你说的”的时候，我们头脑中联想到的也许就是“认真”本身，而不是“认真”这个概念或定义。同样，当别人对我们说：“我是认真的”的时候，我们头脑中联想到的也是“认真”这个东西本身。

再如，我们都有过饥饿的经历，我们切身体会过什么是饥饿，那是一种明显的生理感受。但是，当我们听到或者说起“饥饿”这个词的时候，我们的头脑中是否联想到曾经体验过的那个饥饿的感受本身呢，还是只停留在“饥饿”这个词的含义呢？“饥饿”这个词与“饥饿”的感受是完全不同的两个东西。我们其实很容易分清楚。问题是，当我们在说话中提及“饥饿”时，就在这一刻，我们的头脑中是想着“饥饿”这个感受本身呢，还是完全沉浸于语言和文字之中呢？

搞清楚一个概念与其指代的对象之间的差异并不困难，问题在于我们也许从来没有想过这个问题，我们从来没有意识到这个问题的存在。从我们牙牙学语开始，我们先学习将事物与文字和语言对应起来，然后随着慢慢地长大，知识的丰富，以及抽象思维的发达和成熟，我们逐渐在头脑中建立一个由概念构成的世界，同时，我们距离真实的世界越来越远。

从此，我们开始生活在一个以语言和文字构成的虚拟世界中。其实，这个世界也是真实的，与事物和关系组成的世界一样的真实。我们的问题是，经常将两个世界混淆，我们经常错将概念的世界当作由事物和关系组成的世界。

二、寻找和印证知识的对应物

这是一个异常喧嚣的早晨。人们说话的声音交织成一片，叫卖声此起彼伏。其中最刺耳的是汽车的鸣笛声，尤其是那些发出长时间的鸣笛声，以及连续按喇叭多次的急促声音。一辆大型公交车带着巨大引擎的声音呼啸而过，驾驶员按了两次喇叭，那是一种极其洪亮的声音，夺人心魄。小孩子的欢笑声不时地传来，随之便是大人的呼喊。偶尔传来几声电锯声，那是某个地方在装修。

如果仔细倾听，会在某一刻，所有的声音突然停止了，周围变得异常寂静。就在这时，几声鸟叫响了起来，一种是婉转悠扬，其中还夹杂着另外一种粗犷豪放，然后还有麻雀短小急促的叫声。伴随着大人们的说笑声，有个小孩子大声哭了起来，那是一种没有眼泪的干嚎。一辆摩托车飞驰而过，带着尖锐的鸣笛声。速度和鸣笛之间存在着稳定的关系，就像鸣笛就能抵消高速行驶带来的危险一样。

阴沉沉的天空，看不见云彩，眼前的一切都笼罩在尘雾之中。树木、马路、房屋、汽车，都是湿漉漉的，马路两边还有些积水，中间却已经泛起干燥后的白色。没有一丝灰尘，空气中弥漫着泥土的清香，雨水洗去了那些浮躁、表面的气味，而大地本身的清香反而越洗越浓烈。

我们为什么那么在乎“面子”？

我们为什么希望别人给我们留面子？

别人给我们留了面子，然后作为回报，我们就也会给别人留面子，那么，别人收到回报后便会更加给我们留面子，我们也继续回报。最终，大家一团和气。

但是，我们的内心却从此走向分裂，一面说着给别人留有余地的话，一面在心里想着相反的看法。

一旦我们真的感受到内心的分裂后，或者说，我们已经认为那是一种分裂后，如何从分裂中摆脱出来又会成为一个新的问题。然后，我们一边保留着自己和别人的面子，一边在内心深处认为自己很虚伪，我们给自己增加了一个新的内心冲突。我们厌恶“面子”，但是，我们每天既索取着“面子”，又给予着“面子”。思想和行为的矛盾，又给我们增加了一个冲突。我们是否感受到了，在我们内心深处的这些分裂和冲突。

我们真的想要摆脱这些内心冲突吗？

我们真的想不再理会“面子”了吗？

我们还在等待着别人先改变吗？

还是我们在等待着社会的改变？

我们是否一直在寻找一种方法从“面子”中解脱呢？

其实没有方法，只要我们真的认识到必须从“面子”中解脱，然后观察自己内心的“面子”，让全部的注意力看着它。我们就会发现“面子”已经离我们远去。

即便我们承认我们经常会混淆概念世界和真实世界，但是，接下来的问题是，这又有什么关系呢？

这对我们的生活又会有什么影响呢？

我们不是哲学家、心理学家、人类学家，我们只是普通人，过着平凡的生活，这个问题是我们应该考虑的吗？

其实，这个问题与我们每一个人都有一个重要的关联，那就是我们的思考。我们每个人几乎无时无刻不在思考，头脑中的思考决定着我们的行为，如果我们头脑中的思考活动混淆了这两个世界，或者说，我们一直在用概念进行思考，那么，这就会对我们的生活造成重大的影响。

先看看当用概念思考时，我们的头脑中会发生什么。也许我们平时就是这么思考的，只是我们自己不知道而已。那么，我们只有通过观察自己的思维活动，才能搞清楚我们的头脑中到底发生了什么。让我们共同开始探索吧！

当我们头脑中想的只是语言和文字构成的概念时，我们就会变得麻木、冷漠、肤浅，我们的心失去了敏感性，我们的行为变得迟缓甚至没有了行动。我们被打动的是痛苦感受本身，而不是“痛苦”这个词，不是吗？我们只有真的体会到痛苦的那一刻，我们的心才会鲜活起来，同情心才会升起，然后善意的行动才会发生。

百思买（全球最大的家电零售商）首席执行官，布莱德·安德森说：“作为一名领导者，当我们知道需要排除障碍时，我们就可以更容易地排除障碍。”他说的这句话是什么意思？同样，我们需要从由文字构成的概念世界中脱离，才能看到他这句话所指代的真实感受。

他真的看清楚了那些障碍本身，并且看到了那些障碍给工作带来的危害本身，在那一刻，他意识到这些障碍必须被排除。这不是别人告诉他要排除那些障碍，也不是领导命令他排除障碍，“必须排除障碍”是他的真实感受。在体验到真实感受后的力量推动下，行动是自发的，因此，他才说：“我们就可以更容易地排除障碍。”

其实，我们在日常的工作和生活中，经常遇到做事半途而废的情况。但是，我们往往将其归咎于各种客观困难，也许并不知道，这很可能是由于我们用概念思考而导致的。当我们只是在概念上理解某个事情时，必然缺乏了无论如何也要完成这件事情的决心，缺乏了那种为了做好这件事情破釜沉舟的决心。

然后，一旦遇到困难和挫折，那些不做此事的各种理由便自动地浮现到我们的头脑中了。我们也许并不是在主动找借口，但是，对那些真切地看到必须做这件事情的人来说，确实就是借口。因为在他们看来，不管出现什么样的困难，这件事情是必须要做的。这就是用概念思考与那些感受到真实事物的人之间的行为差别。

用概念思考还容易让我们变得肤浅。当然，我们不会认为自己是肤浅的，因为一旦认识到了，说明我们已经不肤浅了。比如，我们有时会说："你这个人太固执了，听不进去别人的建议。"

但是，我们是否想过什么是"固执"？

我们是否真正地感受到"固执"本身是什么？

还是说，我们只是理解了"固执"这个概念的含义呢？

也许我们平时在说或听到"固执"这个词，并没有认真想过这个词所代表的含义是什么，但是这是因为我们认为我们自己已经知道了，不是吗？

那么，我们现在看看对"固执"这个东西的一些理解。字典上有一种通用的说法："'固执'就是坚持成见、不懂变通的心理现象。"我们是不是也是这么想的呢？

但是，这个说法能够让我们看到"固执"的本身吗？

能让我们真正地知道什么是"固执"吗？

那么，什么是"坚持"，什么是"成见"，什么是"变通"呢？这不是在用一个概念解释另外一个概念吗？如果我们不能真正理解以上这些名词的含义，那么，我们如何能够真正地理解"固执"呢？如果我们在用到"固执"这个名词时，只是理解到这个层面上，这就是一种肤浅的表现。

还有一种对"固执"的理解："固执是指人们在认知过程中无法将客观与主观、现实与假设很好地区分开来。如果将自己这种已有的经验驾驭现实之上，并过分固化的话，就产生了执迷不悟。”如果我们对“固执”的理解是这样的话，那么，我们就深刻地理解了。如果我们对所有的名词概念都理解到这个程度，那么，我们就是一个深刻的人。

通过对我们自己的内心及与周围人谈话时的观察，我们看到的“固执”是在头脑中装满了各种观念，而且深信自己的观念是正确的。这就是说，在一个人是固执的时候，他的内心往往是这样的一种状态，他对某个问题有一个明确的观点，而且他坚信他的观点是正确的，同时也意味着他认为其他的不同观点都是错误的。此时，他不仅不会接受其他人的建议，而且一直试图说服别人相信他的观点。我们不管“固执”人的观点是否与事实相符，只要他坚持自己的观点就是固执。

再如，我们如何理解“恍然大悟”这个词的含义呢？当然，我们都知道这个词的意思，但是，我们的理解是深刻的，还是肤浅的呢？字典上有这样的解释：“恍然，猛然醒悟的样子；悟，理解、明白，指忽然一下子明白、觉悟过来，也作‘豁然大悟’。它们可以用来形容人对某事突然明白过来。”

我们是这么理解的吗？这样的解释对学生学习成语是有意义的，因为他们不知道在有了“恍然大悟”这种感受时，用这个词来表达。但是，作为一个成年人，如果用这个意思用于思考，那么，我们就变得肤浅了。

我们都有过“恍然大悟”的感受，那么我们回忆一下，是在什么情况下产生的这个感受呢？

是不是在之前思考过某个问题？

是不是已经被这个问题困扰多时了？

是不是因为被这个问题困扰而正在感到痛苦呢？

然后，突然明白了，这时的感受就是“恍然大悟”。然后，我们是不是还有一种从困扰和痛苦中解脱而感到轻松和愉快呢？

如果在听到别人说“恍然大悟”时，我们是带着这种理解在听，那么，我们就会对他说：“恭喜你啊！真的替你感到高兴。”因为我们理解那个人真的明白了一个道理，而且他此时的感受是非常美好的。一旦我们脱离了概念式的思考，我们马上变得更加深刻了，我们的心变得更加敏感，也更加富有同情心。

另外，用概念思考还会使我们在学习知识时，变得不求甚解。如果在学习各种知识时，没有体会到知识概念背后所指代的那个东西，那么，这些知识反而会成为我们认识那个东西本身的障碍。正如歌德所说：“经验丰富的人读书用两只眼睛，一只眼睛看到纸上面的话，另一只眼睛看到纸的背面。”

任何知识都是别人在看到某个事物真实的本身之后，将这个认识记录了下来而形成的。也就是说，任何知识都有一个真实存在的对应物。否则，就如古印度经典《瑜伽经》中所说：“错误的知识是谬误，不由实相而来。”如果某个知识没有真实的对应物，或者这个知识的对应物不是真相，而是我们的误解或假象，那么，这个知识是谬误。

因此，**我们在学习知识时，如果忘记了去寻找和印证，知识发现者所看到的那个真实存在的对应物，那么，我们将会迷**

失于概念的虚幻世界之中。

由于知识的复杂性，导致我们在学习时，很容易忘记了寻找和印证知识的对应物，因为仅仅理解知识本身就已经很困难了。因此，久而久之，我们就将知识当作事物本身，变成了纯粹的理论。当然，这种理论就很难有指导实践的价值。但是，对我们的生活实践没有任何价值的知识还是知识吗？它们还有存在的必要吗？还值得我们为之付出学习上的精力吗？

我们是否想过这样一个问题：其实知识并不是在概念上的理解后就可以用的，概念上的理解不能直接用于实践，也无法直接用于实践。只有我们真实地体验到知识所描述的那个实际存在的对应物之后，我们才能将知识用于实践。知识的作用与其说为了用于实践，不如说它们是引导和印证我们，认识那个实际存在事物的向导和参照物。

三、立即的行动产生于真实的感受

右边脖子有点刺痒的感觉，可能是前几天理发时，在T恤上留下了碎头发。这件T恤是白色的，由于连续几个晚上睡觉都穿着它，使它的颜色显得有些陈旧和暗淡。右边肩膀有些疼痛感，就如有人用手压迫肩膀一样。那种感觉就像是一只被压瘪的气球，在慢慢地恢复原样，但是，又不能人为地帮助它快速地恢复。现在，脖子上的刺痒感没有了，我与肩膀的压力感同在。

进门后的第一件事情就是洗手，在洗手之前从不摸任何东西。清水流过每个手指和手掌，冰凉清爽的感觉从指尖传递到手腕。突然意识到，刚才在外面我并没有接触到什么人和东西，为什么要洗手呢？当然，这是习惯使然。不过，即便此刻我认识到我的手其实与在屋内是一样干净的，在洗过手后，仍然获得清除细菌后的安全感。在我们的头脑中，早已经将手触摸东西与在户外等同为一件事情了。这个认识来自于每次户外活动所累积起来的体验。这些认识是支配我们行动的真正动力，只不过它们一般隐藏在幕后。

已经到了吃晚饭的时间了，不时闻到邻居家里飘出来的饭菜香味。突然袭来一阵饥饿感，甚至还听到了肚子里面咕咕的叫声。几分钟后，饥饿感消失了。虽然再次听到了肚子里咕咕的叫声，但是我确实感觉不到饥饿了。

我们为什么一天必须吃三顿饭？

每天吃两顿饭或一顿饭不行吗？

这是因为在生理上养成了习惯，还是我们对每天吃几顿饭的认识在起作用？如果我们首先改变了认识，那么生理上的习惯会改变吗？

我一直感受着那些感受。现在，肩膀上的压力感消失了，肚子里的饥饿感也消失了，洗手后的安全感早已消失，那么，现在我与谁同在呢？当感受的对象消失后，感受也消失了，但是，又是谁感受到我们那些感受呢？也许是我们自己。但是，当我们在感受压力感、饥饿感和安全感的同时，我们真的体验到有一个“我”在感受这些感受吗？还是只有那些感受本身呢？我们可以通过观察自己而知晓。

我们深入地看一看，用概念思考与感受到真实的存在之间的区别是什么呢？为什么在概念上理解的知识无法有效地促使我们的行动呢？得到答案的方法仍然是观察我们自己的内心。**一切真知都存在于我们的内心，这就意味着我们每个人都可以通过自己的努力而独自找到真知。**

概念上的理解只是一种思想活动，不管我们多么理解和赞同这个道理，那也不过是一个思想而已。思想和行动是完全不同的东西，虽然我们经常在思想的支配下做事情，但是，思想是飘忽不定的，总是在“三思而后行”，总是在“深思熟虑”，因此，它们无法带来稳定而立即的行动。

立即的行动产生于真实的感受，就如自己的手被针扎痛后会立即躲开一样。躲开的行动不是思想导致的，而是对痛的切身感受。因此，一旦我们真的感受到概念所指代的那个事物，而不是对概念本身的理解，立即的行动会自动发生。虽然有些客观存在的对象无法被我们直接地感受到，但是，既然有相应的知识，那就说明必然曾有其他人真实地感受到了它。**为了真正地感受到它，我们需要继续探索，这才是学习。**

有一天，我在看一篇关于读书的文章，当读到“做自己的书店时当然很自由，也不去想‘风格’什么的问题，那都是别人附加上去的”这句话时，心中突然感悟到什么是“分散式共同创造”。换句话说，在这一刻我看到的不再是“分散式共同创造”这几个文字及其在思想中的含义，而是真正地看到了“分散式共同创造”这个事物本身。这是实实在在地看到，就如被针扎了痛一样的真实。

不过，并不是文章中的那句话的含义让我看到了“分散式共同创造”的本身，实际上，那句话的意思是说“他自己没有刻意去营造一种风格，而是其他人根据他们自己的想象赋予了书店一个风格。”这与“分散式共同创造”的含义完全无关，但是，这句话中的“自由”“也不去想”和“别人附加”几个词汇触发我内心深处的感受，使我看到了“分散式共同创造”本身。我无法用语言和文字准确地描述它，但是我知道它就像被针扎了痛一样是真实的。

通过对自我的观察，我发现了我内心深处在看到“分散式共同创造”本身之前和之后的不同。在之前，我参加维基百科和豆瓣网的“分散式共同创造”时，自私心是大于分享之心的，因为我分享更多自己的知识和观点后，会有利于提高自己的知名度和资历等。显然，分享之心是为自私心服务的。但是，在看到“分散式共同创造”本身之后，我观察到我的内心发生了彻底的变化。

就在那一瞬间，我的第一个想法就是为什么不让顾客们自主更改书店的内部环境呢？比如，可以让顾客在墙壁上留言、涂鸦、悬挂小饰品或照片，还可以让顾客自己带来书放在货架上卖。不管在经营角度看这些想法是否可行，但是，革命性的变化在于，我第一次主动地想到应用“分散式共同创造”的方式。“分散式共同创造”已经变成我自己的东西，成为我的经营思想的一部分。然后，也就是在这时，我发现了自己以前在参与维基百科和豆瓣网时的自私心。

接下来，我观察到我的内心深处发生了转变，我已经将分享放在第一位了，我变得积极参与了。随后我想到用“分散式共同创造”的方式写书，名气、版权等利益已经不在考虑范围之内了。虽然我无法描述“分散式共同创造”本身是什么样子的，但是我可以清清楚楚地看到我内心的改变，立即的行动已经发生了。这个行动就是以分享心替代自私心，然后涌现出很多“积极参与到维基百科和豆瓣网以及其他类似的活动中去”的想法。

我观察到，当我们真的看到事物的本身之后，“立即的行动”是某个基本观念的转变，或者说，我们所说的“立即的行动”本身就是某个基本观念的转变，这是一场意识上的行动，从此我们看问题的视角发生了彻底的改变。那么，当某个基本观念发生转变后，被我们感知到行为的转变不是顺理成章的吗？

四、探索本身就是解决问题的全部

这是一条幽静的小路，两边是高大的梧桐树和白色的围墙，车辆和行人很少。从后面走过来一个推着垃圾车的清洁工人，看起来五十多岁的样子，乌黑的脸上布满了皱纹，他显得非常憔悴和沧桑。突然，他扭头冲着后面的一个同伴，大声地咒骂着。他的大意是说，某些居民把酸臭的剩饭菜倒在垃圾桶里面了。憔悴和沧桑的脸上充满了愤怒。刚好一位来倒垃圾的居民听到了他的骂声，她是一个身体已经发福、穿着体面，而且保养良好的中年妇女，她带着挑衅而刻意平静的语气问他：“出了什么事情？”

我走进了一个异常热闹的市场，人们匆匆地走来走去，没人顾得上去看其他人一眼。如果刚刚进来的人不能适应这种快节奏，就会不断地与其他人发生冲撞。很快我就变得与其他人一样了，由于我没有急事要办，因此，我走得快是怕挡住了后面急匆匆赶路的人。在一个稍微僻静的柜台后面，站着一个百无聊赖的小姑娘，我向她打听另外一个销售同类产品的地方，她厌烦地说："不知道。"

并不是上下班时间，地铁站内的人很少。我早已将公交卡拿在手中，快步走向入口处的自动检票闸机。但是，我不得不猛然停止了脚步，最近的两个闸机口被一对青年男女挡住了，他们一边互相埋怨着对方，一边争夺着手中的东西，所以一时顾不上刷卡。我等了片刻后，走向远处的闸机口，然后回头厌恶地看着他们。

为什么我们失去了耐心和宽容心？

我们为什么看到的都是别人的错？

我们为什么将自己的烦恼和痛苦归咎于别人引起的？

这是人的教育程度、素质、涵养、道德的问题吗？

这是由于生活压力太大而导致的吗？

这不是一个外在的问题，根源在于我们每个人的内心。

我们为了什么而工作？

我们生活的目的和意义是什么？

难道只是为了谋生而工作吗？

难道只是为了满足物质欲望而活着吗？

难道物质的多少是决定我们生活本身的方向，以及幸福与否的第一要素吗？

我们不需要马上得出结论，但是，这些问题需要进行探索。不是理论上的探索，不是为了他人而探索，也不是为了解决这个问题而探索，而是为了自己并亲自进行探索。**探索本身就是解决这个问题的全部**。这与知识多少无关，却决定于我们每个人当前的意识状态，即我们的内心深处愿不愿意去探索，以及是否认为这个探索对自己的一生是至关重要的。

从用概念思考，改变为以事物本身的实相进行思考，不仅仅是一个思考方式转变的问题，这首先是一个意识上的改变。我们必须能够做到观察自己的思想活动，否则我们无法意识到自己是否在用概念进行思考，那么，如何谈改变呢？因此，接下来真正的问题是，**如何做到观察自己的思想活动。**

实际上，不能问“如何”，因为“如何”意味着方法，意味着寻找一条道路，这些都是思想活动本身。这不是理论，我们只要观察自己的内心就可以发现，当我们在想着“如何”的时候，实际上已经开始脱离了问题本身，而变成了一种纯粹的思想活动了。我们现在正在观察自己吗？还要借用歌德的那句话：“经验丰富的人读书用两只眼睛，一只眼睛看到纸上面的话，另一只眼睛看到纸的背面。”

但是，**观察自己的内心是超越思想之外的活动，用一个思想观察另外一个思想不是观察，仍然是在思考**。因此，我们不能问“如何去观察”，这么做无法得到答案。其实，我们知道了什么是真正的观察，知道了观察的重要意义，知道了我们必须观察自己，这就足够了。观察的行动会自动发生。这仍然不是理论，如果我们真的知道了什么是观察及其重要性，那么，就可以试着观察我们是否已经可以观察自己了。

当然，从思想上来说，这是一个悖论，但是，我们又不得不用文字来表达一个文字之外的东西。其实，这也使我们更加深刻地认识到，从概念思考的危害性。概念不仅不是其指代的对象本身，而且，概念其实也根本无法准确地描述那个真实存在对象，更为麻烦的是，每个人对同一个概念的理解并不相同，同一个人对同一个概念的理解在不同的时间或环境中也不同。

一旦我们可以观察自己内心的时候，在意识上的改变就成为可能。当我们在说话、倾听、看书，尤其是在思考时，头脑在理解了那些由语言和文字组成的概念之后，将注意力转向自己的内心，寻找概念所指代的那个对象。**一切真知皆在我们的内心，我们每个人都可以通过自己的努力而获得。这就是摆脱用概念思考的关键所在。**

比如，有一次给朋友说道："一旦我们的内心放松了对解决问题的责任的时候，或者不再想精益求精的时候，或者想走捷径的时候，我们就会自发地放弃对问题本身的探索，而转向到外部寻找答案。"朋友答道："原来如此啊。"这一番话是我在看到它所指代的真实事物后有感而发的，但是，朋友的回答表明他只是在概念上理解了那番话，并没有在自己的内心寻找那个真实的事物本身，否则他会说："确实如此啊"，不是吗？

再如，我们总是在说企业管理中要"以人为本"，那么，为什么在管理实践中我们却不容易做到呢？甚至久而久之，"以人为本"成为一个口号。其实，这与我们是否看到了"以人为本"这个东西本身有直接的关系。从思想上，我们都理解

“以人为本”的含义是什么。“本”是根本的意思，在古代汉语中，“本”就是指树木的根，《说文解字》说：“木下曰本。”这就是说在企业中，“人”应该是企业的根本，而不是其他的。

以上这些讨论都是思想上的理解，那么，现在我们开始在自己的心中寻找“以人为本”这个东西本身是什么。我们在自己的内心感受：“一棵树只有一个根，一个企业只有一个根本，那就是人。**如果‘人’是企业的根本了，那么，利润就不可能再是另外一个根本了，它在‘人’之下。”**

此时，我们感受到了吗？

我们有所感悟吗？

我们知道了为什么“以人为本”无法在企业中真正的实施了吗？

因为在我们的内心深处，仍然认为企业的根本或者说核心是利润，难道不是吗？如果我们此时突破了概念性的思考，真正地感受到“以人为本”这个事物本身，那么，我们必然会有两个清晰的选择：要么在企业的经营管理中真的将利润放到第二位，要么先不要在企业内部推广“以人为本”。

如果我们真的感受到“以人为本”这个东西本身，那么，我们再把它用语言和文字描绘出来也许是这样的：“‘以人为本’就是公司不以利润为目的，而是以人的发展为目的。”不过，当某个人刚刚看到这句话的时候，这句话又成为那个人的概念，不是吗？如果他只是在用概念进行思考，也许他会说：“这不可能，企业怎么可能不以利润为根本呢？”我想他一定会这么说的。我们总是把自己探索出的解决问题的方法称为经验，而把别人的经验看作理论，其实那只是由于我们缺乏同样的经验而已。

对于企业经营者和管理者来说，“不以利润为目的，而是以人的发展为目的”，我们能做到吗？我们真的愿意这么做吗？

实际上，在理解了概念的含义之后，同时感受概念所指代的事物本身并不困难。早上，妻子对丈夫说：“记得吃早餐啊，否则你的胃病又要犯了，我先上班去了。”丈夫答道：“好了，别啰唆了，我会吃的。”如果丈夫在听到“胃病”这个词的同时，也真实地感受到了他以前胃疼时的痛苦经历，那么，他就会真的去吃早餐，而不会想着蒙混过关。从用概念进行思考中解脱，其实就是这个意思，就是这么简单。

如果我们真的感受过某个事物本身，当再一次在头脑中遇到它时，我们会自动地把那个真实感受调入到头脑中来进行思考，也就意味着，我们已经不是在用概念进行思考。这是一个自动的过程，这种转换我们自己也不易察觉。不过，也许会有人对我们说：“你的见解很深刻啊，很独到啊，很有启发性啊。”这是因为我们说的话，是来自对真实的事物本身的描述，不是枯燥乏味的概念。

但是，如果某个事物是我们从来没有感受过的，它对我们来说是一个崭新的东西，那么，我们应该怎么办呢？从外部获取相应的知识是必需的，但是，最终我们仍然要在自己的内心寻找那个东西的真实存在，直到我们真正地看到它为止。否则，我们仍然只能从概念上理解它，那么，我们的思考也只能从概念出发了。

那个东西就在那里，它不在任何人的头脑里面，它是一种客观存在的。因此，我们任何人都有可能看到它，唯一的障碍是我们是否想过要去看它。而我们想不起来看它的原因，恰恰是我们认为概念就是那个东西本身。因此，在我们认识到概念与其指代物是完全不同的两个东西的那一刻开始，我们就会自发地对那个东西进行探索了。

这个探索过程就是学习，是真正的学习。学习知识只是获取信息，获取概念，这只是一个收集、接受、记忆、分析和整理等的过程，这不是学习。

那么，如何找到那个实际存在的东西呢？

或者说，如何使那个东西被我们的头脑感受到呢？

这个问题还需要再次提起吗？

在上一章《寻找答案，请向内看》中，我们就是在讨论这个问题。只要我们抛开头脑中的一切已有的对那个东西的定义，将所有的注意力集中到诱发我们关注的问题身上，我们就能看到它。

所有事物本身都是客观存在的，它们不存在于任何人的头脑中。别人也许看到了那个客观存在的东西，但是一经他描述出来，又会变成概念。因此，假设我们自己不去探索那些客观存在的东西是什么，我们只能停留于概念上的理解了。通过概念，我们是无法看到那些实际存在的东西的，别无他法，我们必须信任自己，相信自己可以在自己的内心找到它们。

一旦我们具备了自信的品质，由语言和文字构成的概念就会瞬间瓦解，权威也失去了其原有的影响力。自信的品质不是指自以为是，而是指相信一切真知都可以通过自己的努力，在自己的内心找到。

时间久了，我们在与人交流或者进行思考时，往往不自觉地沉浸在语言和思想之中，而忽略了语言、文字和思想的指代物。但是，我们确实忘记了，那些客观存在的事物才是我们真实的生活，语言、文字和思想是为那些真实存在的东西服务的。确实也有语言和文字之美，也有思想的理性之美，但是，这并不是它们存在最重要的理由。

实际上，从语言、文字和思想中解脱，真正地认识到概念背后客观存在的东西，这本身就是智慧。

思考习惯七：认识自己的认识

一、解决头脑中的认识

下午，久违的阳光终于出现了。我打开了一扇窗户，让阳光照进屋内，屋内的一切被照得金黄而耀眼，它们顿时被赋予了旺盛的生命力。阳光的碎片在一盆清水中摇曳着，金属水管反射的强光，使眼睛不敢直视，只能感受它的存在。身体明显感觉到有些燥热了，T恤内的皮肤已经到了发汗的边缘。空气中弥漫着被烘烤后的沥青气味。有轻微的风吹过，它还是凉爽的。几只麻雀在地上寻觅着食物，它们并不惧怕人们。

在电话中，一方说："那么，我们周末见面吧。"另外一方说："好的，周末可以，不过先暂定。"另一方为什么要说"暂定"呢？

他是在担心周末会临时有变化吗？

还是在担心万一周末真的有变化，而会引起对方的不快呢？

他是在担心万一有变化而会被对方认为不守信用呢？

还是在担心万一有变化后，对方的不快和被认为不守信用而给自己带来的不安呢？

总之，他附加上“暂定”一词，是为了对方的方便呢，还是为了自己心安呢？

两个朋友在饭店吃饭。其中一个说：“我是一个喜欢直率的人，也是一个直率的人，所以，你有什么话就直说，不要拐弯抹角。”

他说“所以，你有什么话就直说，不要拐弯抹角”这句话，是怕对方不知道如何对待一个直率的人呢？

还是担心对方万一真的没有按照对待直率的人的做法对待他，而会让自己感到不快呢？

他是为了劝导对方，还是为了自己的心安呢？

我们能不能不说“暂定”呢？

万一有了变化，我们再根据变化而变化，这又能怎么样呢？

我们为什么不只说到“我是一个喜欢直率的人，也是一个直率的人”就停止呢？

而对方是否也以直率的行为与我们打交道，这是对方的事情，我们为什么非要将希望对方怎么做说出来呢？

在说完自己的想法和感受之后，为什么不让对这些想法和感受的反应留给对方自己呢？

我们为什么不能提出一件事情之后，然后就让事情自然去发生呢？

我们总是在担心别人不理解，担心被误解。因此，我们就不断地解释，并把自己内心的感受、反应和想法告诉别人。这难道不是对别人的强迫和欺压吗？这些也是暴力的一种，或者说，从内心来看，这就是暴力本身。我们是否看到了，这一切都源于我们的自私心，全部都是从自我出发的行为体现。

如果我们真的看到了这个事实，那么，行为的改变将会自动发生。

我们再次借用印度伟大的心灵导师——安东尼·德·梅勒写的《另一个上帝》一书中的故事——《犹太老妇人的推断》，来探讨本书的最后一个问题。

一架航班上，一位矮小的犹太老妇人坐在一个大个子的瑞典人旁边。老妇人不停地打量着瑞典人。最后，她扭头问他："抱歉，您是犹太人吗？"

他回答道："不是。"

过了几分钟，她又扭头问他："你知道，你是可以告诉我——你是犹太人，对吗？"

他回答道："当然不是。"

老妇人又研究了他几分钟，再次开口问："我看得出来，你是犹太人。"

为了摆脱她的纠缠，瑞典人说："好吧，我是犹太人。"

老妇人又看看他，摇摇头说："你看起来完全不像。"

在故事中出现了两个问题：一是"那个瑞典人是犹太人"；二是"那个瑞典人不是犹太人"。不管那个瑞典人是不是犹太人，实际上，这两个问题完全出自于老妇人自己的臆断。换句话说，这两个问题本来是不应该存在的，它们是被老妇人凭空创造出来的。

由于老妇人是犹太人，因此她的头脑中装着一个她认为的犹太人的外貌形象。她觉得那个瑞典人长得像犹太人，当那个瑞典人否认自己是犹太人的时候，她在头脑中开始自动寻找瑞典人与她认为的犹太人的形象相似的地方。但是，当瑞典人终于说自己是犹太人的时候，她的头脑又开始自动寻找瑞典人长相中与她认为的犹太人形象不相符的地方。

所有这一切都与那个瑞典人无关，都是老妇人自己头脑中的游戏而已。关于瑞典人是不是犹太人的问题，对于那个瑞典人来说是完全不存在的，它们只是老妇人自己面临的问题。对于老妇人来说，如果她的头脑中没有一个对犹太人长相的形象存在，或者不是那么热衷于寻找犹太人长相的人，那么，这两个问题也原本是不存在的。但是，她却为自己创造出了这两个问题。

为什么老妇人会为自己创造了这两个问题呢？

虽然她主观上没有想着要创造出这两个问题，但是，为什么这两个问题还是出现在她的头脑中呢？

在问题出现的那一刻，她的头脑到底是如何运作的呢？

老妇人是犹太人，因此，她对与犹太人有关的一切都很热衷，这是她下意识地寻找类似犹太人面孔的内在动力。另外，在她的头脑中早已形成一个犹太男人长相的形象，这是她寻找犹太人面孔的内在标准。然后，当她遇到那个瑞典人之后，她的头脑就开始自动运作了，那两个问题也就产生了。反之，如果老妇人不是犹太人，在她的头脑中也没有关于犹太男人长相的形象，那么，即便那个瑞典人确实长得像犹太人，她的头脑中也不会产生出那两个问题。

因此，一个至关重要的事实摆在我们面前，问题本来是不存在的，而且以前和以后也是不存在的，它们只是我们的头脑产生的一些幻象。

如果我们看到了或者认同了这个事实后，接下来的问题是，我们的头脑为什么要制造这些幻象呢？我们的头脑是如何制造出这些幻想的呢？

我们无须推理，因为答案就在那里，它就是一个真实的客观存在。同样，我们也不能从外部寻找答案，答案就在每个人的心中，在探究和观察自我的过程中，它就会被我们看到。

我们现在正在观察自己吗？

如果正在观察，也许我们就会看到那个真实存在的答案。充满自信对我们看到答案有帮助，相信我们自己看到的就是真正的答案，专家和权威的“内在”与我们是一样的，**专业知识反而是观察自我的最大的障碍**。通往真理的道路有无数条，当我们排除了各自头脑中的认识上的障碍后，我们会看到同样的东西，就是那个答案。它没有什么神秘莫测，只是一个客观存在而已。唯一的特别之处在于，它并不是由思想构成的。

我们的头脑中充满了各种各样的观点和看法，当我们带着这些观点和看法遇到当下新鲜的事物时，问题或者说麻烦就产生了。我们会自动地用头脑中早已存在的观点和看法来理解和解释当下的事物，但是，当下的事物是新鲜的，而我们的那些观点和看法都来自于我们过去的经验和学习。

我们不能两次踏入同一条河流，没有完全一样的客观事物，只有完全一样的观点和想法。而我们总是试图以老旧的思想来理解当下的事物，这个行动是自发的，我们也许并未意识到，那么，问题就这样被我们创造出来了。我们是否看到了，就是因为我们头脑中存在的对过去事物的老旧认识，使我们陷入了重重的问题之中。

因此，问题的本质并不是我们平时对问题的理解，真正的问题是我们头脑中对事物的认识。换句话说，**我们对事物形成的认识才是真实的问题**，或者说是内在的问题，而我们平时理解的问题却是问题的表现，或者说是问题的幻想和假象。现在，我们是否真切地看到了这样一个事实：问题不是客观存在的事物，而是由我们的头脑创造出来的，**我们对客观事物形成的各种认识才是问题本身。我们要解决的不是外在的问题，而是我们头脑中的认识。**

需要补充的是，当我们对事物的认识与其他人的认识不一致时，也会产生问题。只不过这是一种完全无意义的问题，因为这个问题仅仅是由两个认识之间的差异导致的，而与客观存在的事物本身几乎无关。对我们来说，远离了事物本身的问题又有什么意义呢？它们才是真正意义上的“形而上学”，我们感兴趣的是与我们自己的人生息息相关的真实事物。因此，我们完全可以在心中不理会这样的问题。

二、被创造出来的问题

树的顶端，在那一片绿色之中，是鸟儿们的天地，麻雀在树枝间跳跃着，每一次跳跃都是那么的轻松随意。不时有凉爽的风吹过身体，发汗的感觉没有了。不过，一旦坐到计算机前，燥热便会再次袭来。并不是一下子热遍全身的，每次都是先从头部开始，然后燥热的感觉慢慢地向下传递。当身体内部燥热感变得强烈时，皮肤开始慢慢地渗出了汗水。

门铃声响起，拿起对讲听筒，对方说："我是送快递的，你下来拿吧"，我说："你不拿上来吗?"他说："好吧"。放下话筒，感到有些隐隐的不快，心中想到："为什么他让我下去拿呢?"不过，我只关心一件事情，我的不快是如何产生的呢?是什么诱发了我的不快呢?当然，这与送快递的人以及他说的话无关，我是在寻找内在的原因。

其实，就在我看到自己内心升起不快的感受的同时，我也看到了自己内心中隐藏的一个观念，即认为送快递的人是应该送到楼上的，这应该是他们的行业规则。因此，送快递的人说让我下去拿这句话，与我的观念发生了冲突，然后不快就产生了。但是，为什么与我的观念发生冲突会让我感到不快呢？

我又看到当我意识到这个冲突时，瞬间激发出了一个感受，即认为送快递的人是明知道规则而让我下去拿，他这是在耍滑偷懒，或者说在欺骗我。正是这种被愚弄和欺骗的感受激起了我的不快。从时间和体力上，我下去拿完全没有问题。而且，当我看到送快递的人满头大汗地走上来时，内心也有一丝愧疚。那一刻我在想：“为什么我就不能下去拿呢？”

我进一步看到，当我感到被欺骗和愧疚的那一刻，心中并没有一个被欺骗和愧疚的人存在，换句话说，当时只有被欺骗和愧疚这些感受，而根本就没有一个在后面运作的感受者。但是，紧接着下一个念头就会说：“我被欺骗了”，正是这个念头给了我们一个假象，“我”是存在的。实际上，我们一直被我们的思想和念头所欺骗，使我们认为有一个“我们”真实的存在。

在“自我”运作之下，没有爱。

如果我们还没有观察到这个事实，即问题是由我们的头脑创造出来的，我们对事物的认识就是问题本身，或者说是问题的内在，那么，我们可以用生活和工作中熟知的一些事情将其展现出来。同样，我们的描述只是由语言和文字构成的概念，并不是我们描述的对象，因此，这些描述最多也只能起到帮助我们看到那个事实路标的作用。

比如，我们患了感冒，然后，就会难受几天。然而，感冒本身并不是问题，它只是一个客观存在。感觉难受也不是问题，这也只是一个客观存在的生理反应。但是，如果我们希望自己永远不得感冒，或者希望感冒快点好起来，或者怨恨为什么自己又得感冒了，而别人却没得，或者对感冒带来的难受感到很痛苦，等等，问题便被我们创造出来了。

表面上看，“问题”是我们在得了感冒后，感受到的痛苦、厌恶、敌视、嫉妒、怨恨等，但是，问题的本质或者说内在的问题是：我们害怕感冒带来的难受感觉，我们希望不要再得感冒了，我们不希望只是自己得感冒而独自难受，我们希望感冒能够快一点好起来，等等。这些围绕着感冒的观点和看法就是真正的问题，也正是它们引发了被我们感知到的那些外在的问题。

再如，我们在工作中经常会感受到巨大的压力，这种压力也许压得我们透不过气来，因此，我们总是想着是否要辞职，或者在我们的头脑中，一直憧憬着一个与世无争的世外桃源。工作上的压力本来也不是问题，那只是一个客观存在的事实而已，但是，一旦我们想到“工作压力实在是太大了”“我不应该承受这么大的压力”“我很不喜欢在这么大的压力下工作”“我挣钱太不容易了”，等等，问题便被我们创造出来了。

我们就会变得不想去上班，我们想着要辞职，我们抱怨生活太艰难了，也许还得了抑郁症。这些只是一些外在的问题，真正的问题是我们头脑中的那些想法，它们是我们对工作压力的一种认识。如果我们对工作压力没有以上那些想法，或者我们的想法是“工作压力大是正常的”“我就愿意迎接挑战”等，那么，那些外在问题也就不存在了，或者这些认识创造出了其他的外在问题了。

我们再以一个企业管理中的例子，继续进行探讨。如果我们认为自己的企业或者部门的绩效评估体系不合理，但是，一直找不到更加适合的改善方法，我们为此事感到非常困惑。绩效评估体系不合理是一个客观存在的事实，换句话说，我们的绩效评估体系确实不合理。但是，假设在我们的心中对绩效评估体系有这么一种认识，认为绩效评估对员工的激励是至关重要的，而对员工的激励是促使员工认真和高效工作最重要的因素，甚至认为是唯一的因素。

然后，一旦出现业绩下滑，或者员工积极性不高，我们就会自动地想到是绩效评估体系出现问题了，然后，我们就又开始考虑如何改善绩效评估体系。实际上，也许真正的问题是我们对绩效评估体系的认识，我们把绩效评估体系看得过于重要了，也因此就忽略了其他管理因素的作用。那么，为了改善绩效，以及提高员工的积极性，就不是考虑如何改善绩效评估体系，而是要改变我们自己对绩效评估体系的认识，这个认识是真正的问题，是内在的问题。

三、挑战、批判自己，需要真正的勇气

这是一条发霉的小路。由于路两边长满了高大的树木，使这条小路终年不见阳光，因此，处处可见由于潮湿的力量而带来的痕迹。围墙脚下散落着落叶，有黄色的、褐色的、绿色的。围墙的下半部早已斑驳不堪，散发着霉味。几乎在每个树根旁边，都长着一两棵绿色的嫩芽，它们是那么的纤细弱小。小路的尽头是一个久已不开的铁门，铁门的下边已经被锈迹腐蚀了，就如伫立着一副肢体残缺的骨骼。真的难以想象，如此坚硬的金属竟然挡不住潮湿力量的侵袭。

什么是结束？不要说结束是另外一个开始，这是一种唯美的、比喻的说法，这不是对结束本身是什么的准确描述。我们不是在谈论诸如作业写完了、吃完饭这样的外在事情的结束，

而是在探讨内在的结束是什么。内在的结束是不是当我们不再惦记、恐惧、期望、担心某件事情时的那种状态呢？

已经到了放学的时间了，家长开始惦记着孩子在路上的安全，直到孩子进家门那一刻，家长的惦记和担心顿时消失了。惦记和担心在内心结束。但是，在这个过程中，惦记和担心在我们的内心是连续发生的吗？我们是否观察过。如果它们是连续发生的，那么，就存在着一个真实的开始和结束。但是，如果它们只是由一个又一个连续不断地念头组成的呢？

那么，每一个念头就是惦记和担心，结束就是念头的消失。但是，念头本身能够体验到它的结束吗？

如果不能，那么又是谁在感觉结束了呢？

“结束”的感觉是不是就要进入下一个念头吗？

如果是这样，那么，内心的结束还是真实存在的吗？

那只是一个念头在看另外一个念头而已。

在一片灰蒙蒙的天空中，太阳的火红色显得有些朦胧。太阳要落山了，因此，眼睛可以直视着它。一些褐色的云彩散布在太阳周围，它显得是那么地高远和神秘。突然，吹来一阵凉爽温柔的细风，顿时感到这一切是那么地美好，感恩和温暖充满了内心。很快，这一天就要结束了。

平时，我们习惯上看到的都是外在的问题，它们就是那些由我们的认识上的局限引发的问题，但是，却看不到或者故意不看我们自己认识上的局限性本身。其实，现在我们已经很清楚地知道，我们自己的认识或者说认识的局限性才是真正的问题，或者说是内在的问题。

因此，**解决那些外在的问题的关键是解决内在的问题，即突破我们自己认识上的局限**，而在讨论如何突破自己的认识局限之前，我们首先需要搞清楚什么是认识？认识在我们的头脑中是怎么产生的？我们必须深入到认识的内部去观察它们。同样，我们无须推理，观察我们自己就能知道它们的真实情况。

人类发明了语言和文字，使传承知识成为可能，实际上，这些知识就是前人对各种事物的认识。每个人在成长的过程中，不断地在接受来自父母、老师、朋友和同事，以及周围一切其他人灌输的观点。**如果我们仔细观察自己就会发现，我们头脑中很多的观点不是自己的，而是其他人给我们的。**

可以这么说，我们头脑中每一个观点，只要我们未曾质疑过它们，那么，它们就是别人加诸给我们的。我们不是在谈这些观点的对错，而是在探索到底哪些观点是我们自己的，哪些是别人加诸给我们的。我们每天必须刷两次牙，我们必须上学读书，我们必须工作，我们必须超越别人，等等，如果我们现在观察自己，就会清晰地知道这些是不是自己的观点。

我们当然还有完全属于自己的认识，它们就是我们的人生经历。在人生的道路上，我们不断地积累自己对客观事物的认识，这些认识与其他人无关，是我们自己的感悟。父母告诉我们一天刷牙一次，但是，也许在某一天，在某种情境的刺激下，我们突然认识到每天应该刷两次牙，这是我们自己的认识。

大学毕业后，假设我们去了一家跨国公司做销售工作，这家公司给销售人员的压力非常大，每天的销售排行榜使我们身心疲惫。几年之后，也许我们突然认识到，做销售工作的压力太大了，做久了甚至会使心理不健康。这是我们在工作经历中，对销售工作形成的一种自己的认识。这个认识完全是个人化的，也许同一个办公室中的其他人，会对销售工作形成完全不同于我们的认识。

那么，为什么说认识是有局限性的呢?

认识的局限性是如何产生的呢?

有没有局限性的认识呢?

同样，看向我们自己的内心，寻找这些问题的答案。我们也许已经认识到，我们从别人那里接受的观点是别人的认识，与我们自己在经历后对事物形成的认识是一样的，它们都是我们人类对客观事物的认识。因此，我们只要看清楚自己认识的局限性，也就看到了其他所有人认识的局限性了。

我们自己对客观事物的认识受限制于两个个人化的因素：**一是个性化的、偶然的经历；二是对经历的个性化反应**。个性化的、偶然的经历意味着我们不可能经历所有的经历，我们只能经历我们自己独特的经历。对经历的个性化反应意味着我们每个人对每件经历的事情，都有着自己独特的感受和看法，我们不可能对一件事情感受到所有的感受，看到所有的看法。

比如，在前面提到的一个例子。我们也许偶尔进入了一家销售工作压力非常大的公司，同时，我们个人对如此强大的压力也不能很好地适应，我们也许认为开心地工作是最重要的，而不是在工作中出人头地。那么，我们就会对销售工作形成一种个人的认识，认为销售工作的压力太大了，并决定今后绝不再做销售工作了。

试想，如果另外一个人偶尔进入了另外一家公司做销售工作，而这家公司并没有给销售人员施加很大的压力，即便这个人同样不适应高压力的工作，他也许就不会形成厌恶和惧怕销售工作的认识。同样的，假设这个人也进入了那家工作压力很大的公司，但是，他认为工作中的压力不算什么，而在工作中做出成绩才是重要的，那么，他同样不会形成厌恶和惧怕销售工作的认识。

因此，我们看得更加清楚，**认识的局限是无法避免的**，只要我们的头脑中形成一个认识，这个认识就是有局限性的，局限性是认识的最基本的属性。其实，突破认识的局限性就是从这里开始，从认识到任何一个认识都是必然存在局限的开始。当我们真的认为自己的认识必然会存在局限性时，即便我们自己还看不到局限性在哪里以及是什么，我们的心都会变得更加警觉。

警觉的心不会再固执己见，它会自然地留意别人的观点和看法，因为它已经知道自己是有局限性的，我们开始变得更加包容。然后，警觉的心也为我们观察自己的内心奠定了基础，它会促使我们将眼光从外在的问题转向内在的问题，开始检查我们自己内心的各种认识，因为我们知道这些认识有局限。

那么，我们对真正的问题的探索便开始了，我们开始向内探索，我们走上了一条崭新的道路。观察自己的内心是突破认识上局限的第一步，也是最后一步。只有观察自己的内心，才能看到我们自己的认识，然后，才有可能看到自己认识的局限在哪里，接下来，突破自己的认识就是顺理成章的了。

对真正的问题进行探索，就是对我们自己的认识进行探索。每当我们看到了自己认识的局限，我们就突破了这个认识，换句话说，我们获得了一个比原来那个认识更高的新认识。认识不断提高的过程，也就是我们个人成长的过程。这是一种内在的成长，是一个人真正的成长。而对于我们每一个人来说，**自己的认识就是自己体验到的人生**，因此，认识的水平就是我们整个人生的水平。

外在知识的积累只是获取别人认识的过程，只有当别人的认识被自己体悟到之后，才能变成自己的认识，否则它们就如我们穿的衣服一样，是我们自身之外的东西。因此，对于外在的知识，我们不仅是要理解它们，关键是要去试图体悟它们。但是，我们经常会停留于对它们的理解，然后就开始急于讲给别人听了，那么，我们实际上扮演了一个信息传递者的角色。

突破自己的认识是一种什么样的状态或者感受呢？认识的提升又是什么？我们是否还记得刚才提到的工作压力的例子。假设另外一个人偶尔进入了另外一家公司做销售工作，而这家公司并没有给销售人员施加很大的压力，即便这个人同样不适应高压力的工作，但是，他也许不会形成厌恶和惧怕销售工作的认识。

后来，他离开了这家公司，碰巧也进入了那家工作压力很大的公司。不幸的是，他也许也会产生对销售工作的厌恶和惧怕的认识。不过，由于他先后经历了两个有着不同压力的销售工作，他也许会形成另外一种认识。比如，他也许认识到并不是销售工作本身带来了压力，而是不同的公司文化或者公司对销售工作不同的管理风格，才是导致压力的根本因素。

另外，随着年龄增长，或者对自我的观察，他也许会突然推翻他以前的认识。认为销售工作和不同的公司，都不是使自己感觉到压力的关键，而自己内心对压力的态度和看法才是根本因素。那么，直面自己内心对压力的态度和看法，提升自己的心理素质，以及改变自己的人生态度等，就成为新的解决问题的方向。随着对工作压力的认识的提升，他不断地走向了成熟。

认识自己的认识，就是认识自己认识的局限，而认识自己的局限，就是在挑战自我。这必然会要求我们具备一种难能可贵的品质，它就是勇气。接受外部的挑战需要具备勇气，但是，**挑战自己，批判自己，发现自己的不足和偏见，需要一种更为宏大的勇气。真正的勇气，**或者说自发的勇气，或者说作为一种品质的勇气，是那种无我及忘我的人才能做到的。

在这种内心状态下，有勇气的人不会因看到自己的局限而感到羞愧，也不会逃避和掩饰自己的局限。有勇气人的头脑中只有一个意识，那就是自己认识的局限本身。具备了真正勇气的人，才能不断地突破自己的认识，才能使自己更加成熟和完善，才能使自己更加接近真理。我们自己是一个有勇气的人，还是一个怕别人指出自己问题的人呢？这只有我们自己知道。

这是本书最后一个讨论的问题。在此，我们将生活和工作中遇到的问题一分为二，然后，将我们的眼光从外在的问题转向了内在的问题上。实际上，如果说问题是真实存在的话，那么，存在的只是那个内在的问题。因此，我们要解决的就是这个内在的问题。

解决之道就是通过观察自己的内心，认识我们的认识，认识我们认识的局限，然后，认识上的突破便会自动发生。

后 记

思考，其实就是投入全部的注意力在问题上，并专注在问题上。直到投入的注意力（能量）足够多，专注的时间足够长时，答案自会出现。这很像是人拿自己的注意力交换来了问题的答案。也就是说，本质上并不是人思考出了答案，而是人通过投入注意力而得到了真理、善的力量的回报。

所谓的不会思考，就是我们不愿意长久地投入注意力在问题上。因为与体力劳动、娱乐和为获得利益的工作相比，思考太辛苦了而且枯燥乏味，往往也没有明显的现实利益。

平时，我们的注意力都放在哪里呢？放在真理、正义、美、心灵、灵魂、善、爱，以及认识人自身的注意力有多少呢？我们的心早已变得平庸、肤浅、庸俗、功利、市侩、麻木、冷漠而失去了纯真、活力、新鲜的注意力了吗？我们的注意力是否早已被享乐、欲望所污染而无法专注（不再纯净）？生活的劳苦重担是否把我们的注意力消散在无望中？

注意力是人的天赋，不是训练得来的。我们可以决定把自己的注意力放在哪儿。那么，放在哪儿呢？这本就是需要我们投入注意力去思考的一个重要问题。因为决定一个人是什么样的人的，不就是在于他关注的是什么吗？

请赐给我们思考能力和智慧吧！

王 涛

2018年2月于苏州

推荐作者得新书!

博瑞森征稿启事

亲爱的读者朋友:

感谢您选择了博瑞森图书! 希望您手中的这本书能给您带来实实在在的帮助!

博瑞森一直致力于发掘好作者、好内容,希望能把您最需要的思想、方法,一字一句地交到您手中,成为管理知识与管理实践的桥梁。

但是我们也知道,有很多深入企业一线、经验丰富、乐于分享的优秀专家,或者忙于实战没时间,或者缺少专业的写作指导和便捷的出版途径,只能茫然以待……

还有很多在竞争大潮中坚守的企业,有着异常宝贵的实践经验和独特的洞察,但缺少专业的记录和整理者,无法让企业的经验和故事被更多的人了解、学习……

对读者而言,这些都太遗憾了!

博瑞森非常希望能将这些埋藏的"宝藏"发掘出来,贡献给广大读者,让更多的人从中受益。

所以,我们真心地邀请您,我们的老读者,帮我们搜寻:

推荐作者

可以是您自己或您的朋友,只要对本土管理有实践、有思考;可以是您通过网络、杂志、书籍或其他途径了解的某位专家,不管名气大小,只要他的思想和方法曾让您深受启发。

可以是管理类作品,也可以超出管理,各类优秀的社科作品或学术作品。

推荐企业

可以是您自己所在的企业,或者是您熟悉的某家企业,其创业过程、运营经历、产品研发、机制创新,等等。无论企业大小,只要乐于分享、有值得借鉴书写之处。

总之,好内容就是一切!

博瑞森绝非"自费出书",出版费用完全由我们承担。您推荐的作者或企业案例一经采用,我们会立刻向您赠送书币 1000 元,可直接换取任何博瑞森图书的纸书或电子书。

感谢您对本土管理原创、博瑞森图书的支持!

推荐投稿邮箱:bookgood@126.com　　推荐手机:13611149991

1120 本土管理实践与创新论坛

这是由100多位本土管理专家联合创立的企业管理实践学术交流组织，旨在孵化本土管理思想、促进企业管理实践、加强专家间交流与协作。

论坛每年集中力量办好两件大事：第一，**“出一本书”**，汇聚一年的思考和实践，把最原创、最前沿、最实战的内容集结成册，贡献给读者；第二，**“办一次会”**，每年11月20日本土管理专家们汇聚一堂，碰撞思想、研讨案例、交流切磋、回馈社会。

论坛理事名单（以年龄为序，以示传承之意）

余伟辉　李小勇　苗庆显　孙　巍　陈继展　全怀周　林延君
王清华　初勇钢　陈　锐　高继中　聂志新　黄　屹　沈　拓
徐伟泽　潦　寒　谭洪华　崔自三　王玉荣　蒋　军　侯军伟
黄润霖　朱伟杰　金国华　吴　之　葛新红　周　剑　崔海鹏
李治江　陈海超　柏　龑　唐道明　刘书生　朱志明　曲宗恺
杜　忠　黄渊明　王献永　范月明　吕　林　刘文新　赵晓萌
张　伟　韩　旭　韩友诚　熊亚柱　秦海林　孙彩军　刘　雷
贺小林　王庆云　黄　娜　俞士耀　田　军　丁　昀　张小峰
黄　磊　罗晓慧　赵海永　伏泓霖　任彭枞　梁小平　鄢圣安
马方旭　乐　涛　杨晓燕　欧阳莉华　陈　慧　张　璐

企业案例·老板传记			
	书名．作者	内容/特色	读者价值
企业案例·老板传记	**你不知道的加多宝：原市场部高管讲述** 曲宗恺　牛玮娜　著	前加多宝高管解读加多宝	全景式解读，原汁原味
	借力咨询：德邦成长背后的秘密 官同良　王祥伍　著	讲述德邦是如何借助咨询公司的力量进行自身与发展的	来自德邦内部的第一线资料，真实、珍贵，令人受益匪浅
	娃哈哈区域标杆：豫北市场营销实录 罗宏文　赵晓萌　等著	本书从区域的角度来写娃哈哈河南分公司豫北市场是怎么进行区域市场营销，成为娃哈哈全国第一大市场、全国增量第一高市场的一些操作方法	参考性、指导性，一线真实资料
	六个核桃凭什么：从0过100亿 张学军　著	首部全面揭秘养元六个核桃裂变式成长的巨著	学习优秀企业的成长路径，了解其背后的理论体系
	像六个核桃一样：打造畅销品的36个简明法则 王　超　范　萍　著	本书分上下两篇：包括“六个核桃”的营销战略历程和36条畅销法则	知名企业的战略历程极具参考价值，36条法则提供操作方法
	解决方案营销实战案例 刘祖轲　著	用10个真案例讲明白什么是工业品的解决方案式营销，实战、实用	有干货、真正操作过的才能写得出来
	招招见销量的营销常识 刘文新　著	如何让每一个营销动作都直指销量	适合中小企业，看了就能用
	我们的营销真案例 联纵智达研究院　著	五芳斋粽子从区域到全国/诺贝尔瓷砖门店销量提升/利豪家具出口转内销/汤臣倍健的营销模式	选择的案例都很有代表性，实在、实操！
	中国营销战实录：令人拍案叫绝的营销真案例 联纵智达　著	51个案例，42家企业，38万字，18年，累计2000余人次参与……	最真实的营销案例，全是一线记录，开阔眼界
	双剑破局：沈坤营销策划案例集 沈　坤　著	双剑公司多年来的精选案例解析集，阐述了项目策划中每一个营销策略的诞生过程，策划角度和方法	一线真实案例，与众不同的策划角度令人拍案叫绝、受益匪浅
	宗：一位制造业企业家的思考 杨　涛　著	1993年创业，引领企业平稳发展20多年，分享独到的心得体会	难得的一本老板分享经验的书
	简单思考：AMT咨询创始人自述 孔祥云　著	著名咨询公司（AMT）的CEO创业历程中点点滴滴的经验与思考	每一位咨询人，每一位创业者和管理经营者，都值得一读
	边干边学做老板 黄中强　著	创业20多年的老板，有经验、能写、又愿意分享，这样的书很少	处处共鸣，帮助中小企业老板少走弯路
	三四线城市超市如何快速成长：解密甘雨亭 IBMG国际商业管理集团　著	国内外标杆企业的经验+本土实践量化数据+操作步骤、方法	通俗易懂，行业经验丰富，宝贵的行业量化数据，关键思路和步骤
	中国首家未来超市：解密安徽乐城 IBMG国际商业管理集团　著	本书深入挖掘了安徽乐城超市的试验案例，为零售企业未来的发展提供了一条可借鉴之路	通俗易懂，行业经验丰富，宝贵的行业量化数据，关键思路和步骤

续表

互联网 +			
书名. 作者		内容/特色	读者价值
互联网+	**新营销** 刘春雄 著	新营销的新框架体系是场景是产品逻辑,IP 是品牌逻辑,社群是连接逻辑,传播是营销逻辑	助力品牌商实现由传统营销到新营销的理念和行动的跨越,助力企业打赢升级转型之仗
	企业微信营销全指导 孙 巍 著	专门给企业看到的微信营销书,手把手教企业从小白到微信营销专家	企业想学微信营销现在还不晚,两眼一抹黑也不怕,有这本书就够
	企业网络营销这样做才对: B2B 大宗 B2C 张 进 著	简单直白拿来就用,各种窍门信手拈来,企业网络营销不麻烦也不用再头疼,一般人不告诉他	B2B、大宗 B2C 企业有福了,看了就能学会网络营销
	互联网时代的银行转型 韩友诚 著	以大量案例形式为读者全面展示和分析了银行的互联网金融转型应对之道	结合本土银行转型发展案例的书籍
	正在发生的转型升级 · 实践 本土管理实践与创新论坛 著	企业在快速变革期所展现出的管理变革新成果、新方法、新案例	重点突出对于未来企业管理相关领域的趋势研判
	触发需求:互联网新营销样本 · 水产 何足奇 著	传统产业都在苦闷中挣扎前行,本书通过鲜活的案例告诉你如何以需求链整合供应链,从而把大家熟知的传统行业打碎了重构、重做一遍	全是干货,值得细读学习,并且作者的理论已经经过了他亲自操刀的实践检验,效果惊人,就在书中全景展示
	移动互联新玩法:未来商业的格局和趋势 史贤龙 著	传统商业、电商、移动互联,三个世界并存,这种新格局的玩法一定要懂	看清热点的本质,把握行业先机,一本书搞定移动互联网
	微商生意经:真实再现 33 个成功案例操作全程 伏泓霖 罗晓慧 著	本书为 33 个真实案例,分享案例主人公在做微商过程中的经验教训	案例真实,有借鉴意义
	阿里巴巴实战运营——14 招玩转诚信通 聂志新 著	本书主要介绍阿里巴巴诚信通的十四个基本推广操作,从而帮助使用诚信通的用户及企业更好地提升业绩	基本操作,很多可以边学边用,简单易学
	互联网精准营销:创造爆发式的商业价值 蒋 军 著	怎么在互联网时代整体策划、包装品牌和产品,并在此基础上为企业设计商业模式,技术实现并运营落地	为有基础的小微企业(大企业的新项目)1 年实现销售额过亿,2 年对接资本,3 年左右准 IPO
	今后这样做品牌:移动互联时代的品牌营销策略 蒋 军 著	与移动互联紧密结合,告诉你老方法还能不能用,新方法怎么用	今后这样做品牌就对了
	互联网 +"变"与"不变":本土管理实践与创新论坛集萃 · 2016 本土管理实践与创新论坛 著	本土管理领域正在产生自己独特的理论和模式,尤其在移动互联时代,有很多新课题需要本土专家们一起研究	帮助读者拓宽眼界、突破思维

续表

互联网+	**创造增量市场：传统企业互联网转型之道** 刘红明　著	传统企业需要用互联网思维去创造增量，而不是用电子商务去转移传统业务的存量	教你怎么在“互联网+”的海洋中创造实实在在的增量
	重生战略：移动互联网和大数据时代的转型法则 沈　拓　著	在移动互联网和大数据时代，传统企业转型如同生命体打算与再造，称之为“重生战略”	帮助企业认清移动互联网环境下的变化和应对之道
	画出公司的互联网进化路线图：用互联网思维重塑产品、客户和价值 李　蓓　著	18个问题帮助企业一步步梳理出互联网转型思路	思路清晰、案例丰富，非常有启发性
	7个转变，让公司3年胜出 李　蓓　著	消费者主权时代，企业该怎么办	这就是互联网思维，老板有能这样想，肯定倒不了
	跳出同质思维，从跟随到领先 郭　剑　著	66个精彩案例剖析，帮助老板突破行业长期思维惯性	做企业竟然有这么多玩法，开眼界

行业类：零售、白酒、食品/快消品、农业、医药、建材家居等

	书名．作者	内容/特色	读者价值
零售·超市·餐饮·服装	**总部有多强大，门店就能走多远** IBMG国际商业管理集团　著	如何把总部做强，成为门店的坚实后盾	了解总部建设的方法与经验
	超市卖场定价策略与品类管理 IBMG国际商业管理集团　著	超市定价策略与品类管理实操案例和方法	拿来就能用的理论和工具
	连锁零售企业招聘与培训破解之道 IBMG国际商业管理集团　著	围绕零售企业组织架构、培训体系建设等内容进行深刻探讨	破解人才发现和培养瓶颈的关键点
	中国首家未来超市：解密安徽乐城 IBMG国际商业管理集团　著	介绍了乐城作为中国首家未来超市从无到有的传奇经历	了解新型零售超市的运作方式及管理特色
	三四线城市超市如何快速成长：解密甘雨亭 IBMG国际商业管理集团　著	揭秘一家三四线连锁超市的经验策略	不但可以欣赏它的优点，而且可以学会它成功的方法
	涨价也能卖到翻 村松达夫　【日】	提升客单价的15种实用、有效的方法	日本企业在这方面非常值得学习和借鉴
	移动互联下的超市升级 联商网专栏频道　著	深度解析超市转型升级重点	帮助零售企业把握全局、看清方向
	手把手教你做专业督导：专卖店、连锁店 熊亚柱　著	从督导的职能、作用，在工作中需要的专业技能、方法，都提供了详细的解读和训练办法，同时附有大量的表单工具	无论是店铺需要统一培训，还是个人想成为优秀的督导，有这一本就够了
	百货零售全渠道营销策略 陈继展　著	没有照本宣科、说教式的絮叨，只有笔者对行业的认知与理解，庖丁解牛式的逐项解析、展开	通俗易懂，花极少的时间快速掌握该领域的知识及趋势

续表

零售·超市·餐饮·服装	**零售:把客流变成购买力** 丁昀 著	如何通过不断升级产品和体验式服务来经营客流	如何进行体验营销,国外的好经营,这方面有启发
	餐饮企业经营策略第一书 吴坚 著	分别从产品、顾客、市场、盈利模式等几个方面,对现阶段餐饮企业的发展提出策略和思路	第一本专业的、高端的餐饮企业经营指导书
	电影院的下一个黄金十年:开发·差异化·案例 李保煜 著	对目前电影院市场存大的问题及如何解决进行了探讨与解读	多角度了解电影院运营方式及代表性案例
	赚不赚钱靠店长:从懂管理到会经营 孙彩军 著	通过生动的案例来进行剖析,注重门店管理细节方面的能力提升	帮助终端门店店长在管理门店的过程中实现经营思路的拓展与突破
耐消品	**商用车经销商运营实战** 杜建君 王朝阳 章晓青 等著	从管理到经营,从销售到服务,系统化运作全指导	为经销商经营开阔思路,掌握方法
	汽车配件这样卖:汽车后市场销售秘诀100条 俞士耀 著	汽配销售业务员必读,手把手教授最实用的方法,轻松得来好业绩	快速上岗,专业实效,业绩无忧
	跟行业老手学经销商开发与管理:家电、耐消品、建材家居 黄润霖 著	全部来源于经销商管理的一线问题,作者用丰富的经验将每一个问题落实到最便捷快速的操作方法上去	书中每一个问题都是普通营销人亲口提出的,这些问题你也会遇到,作者进行的解答则精彩实用
白酒	**酒水饮料快消品餐饮渠道营销手册** 朱伟杰 著	主要针对快消品(酒水、饮料)的餐饮渠道,提供了区域、商圈、不同业态的规划和促销安排等多种工具,并提出了经销商、批发商等相关人员的管理方法	一本酒水饮料如何在餐饮渠道销售的全能手册,内容深入翔实,可以直接照搬套用,这样的便利简直千金不换
	白酒到底如何卖 赵海永 著	以市场实战为主,多层次、全方位、多角度地阐释了白酒一线市场操作的最新模式和方法,接地气	实操性强,37个方法、6大案例帮你成功卖酒
	变局下的白酒企业重构 杨永华 著	帮助白酒企业从产业视角看清趋势,找准位置,实现弯道超车的书	行业内企业要减少90%,自己在什么位置,怎么做,都清楚了
	1. 白酒营销的第一本书(升级版) **2. 白酒经销商的第一本书** 唐江华 著	华泽集团湖南开口笑公司品牌部长,擅长酒类新品推广、新市场拓展	扎根一线,实战
	区域型白酒企业营销必胜法则 朱志明 著	为区域型白酒企业提供35条必胜法则,在竞争中赢销的葵花宝典	丰富的一线经验和深厚积累,实操实用
	10步成功运作白酒区域市场 朱志明 著	白酒区域操盘者必备,掌握区域市场运作的战略、战术、兵法	在区域市场的攻伐防守中运筹帷幄,立于不败之地
	酒业转型大时代:微酒精选2014-2015 微酒 主编	本书分为五个部分:当年大事件、那些酒业营销工具、微酒独立策划、业内大调查和十大经典案例	了解行业新动态、新观点,学习营销方法

续表

快消品·食品	**中国快消品营销的这些年** 史贤龙　著	作者精华文章的合集，一本书浓缩了过去十五年，中国营销的实战历程与前沿思考	快消品营销行业的案例和方法都原汁原味呈现，在反映当时风貌的同时，展望与反思
	营销中国茶：2 小时读懂茶叶营销 史贤龙　著	从不同视角对中国的茶营销进行了思考，内容涉及中国茶产业战略困境、茶企规模化、茶品牌崛起、茶文化、茶营销、茶消费、茶零售、茶道等	内容丰富扎实，文字流畅，浓缩的都是精华，让你 2 小时读懂茶叶营销
	这样打造快消品标杆市场 罗宏文　著	帮助你解决如何成功打造标杆市场和进行持续增量管理两大问题	一套系统的方法论，通俗易懂，可以直接套用
	5 小时读懂快消品营销：中国快消品案例观察 陈海超　著	多年营销经验的一线老手把案例掰开了、揉碎了，从中得出的各种手段和方法给读者以帮助和启发	营销那些事儿的个中秘辛，求人还不一定告诉你，这本书里就有
	快消品招商的第一本书：从入门到精通 刘　雷　著	深入浅出，不说废话，有工具方法，通俗易懂	让零基础的招商新人快速学习书中最实用的招商技能，成长为骨干人才
	乳业营销第一书 侯军伟　著	对区域乳品企业生存发展关键性问题的梳理	唯一的区域乳业营销书，区域乳品企业一定要看
	食用油营销第一书 余　盛　著	10 多年油脂企业工作经验，从行业到具体实操	食用油行业第一书，当之无愧
	中国茶叶营销第一书 柏　龑　著	如何跳出茶行业“大文化小产业”的困境，作者给出了自己的观察和思考	不是传统做茶的思路，而是现在商业做茶的思路
	调味品营销第一书 陈小龙　著	国内唯一一本调味品营销的书	唯一的调味品营销的书，调味品的从业者一定要看
	快消品营销人的第一本书：从入门到精通 刘　雷　伯建新　著	快消行业必读书，从入门到专业	深入细致，易学易懂
	变局下的快消品营销实战策略 杨永华　著	通胀了，成本增加，如何从被动应战变成主动的“系统战”	作者对快消品行业非常熟悉、非常实战
	快消品经销商如何快速做大 杨永华　著	本书完全从实战的角度，评述现象，解析误区，揭示原理，传授方法	为转型期的经销商提供了解决思路，指出了发展方向
	一位销售经理的工作心得 蒋　军　著	一线营销管理人员想提升业绩却无从下手时，可以看看这本书	一线的真实感悟
	快消品营销：一位销售经理的工作心得 2 蒋　军　著	快消品、食品饮料营销的经验之谈，重点图书	来源与实战的精华总结
	快消品营销与渠道管理 谭长春　著	将快消品标杆企业渠道管理的经验和方法分享出来	可口可乐、华润的一些具体的渠道管理经验，实战
	成为优秀的快消品区域经理（升级版） 伯建新　著	用“怎么办”分析区域经理的工作关键点，增加30%全新内容，更贴近环境变化	可以作为区域经理的“速成催化器”

续表

快消品·食品	**销售轨迹：一位快消品营销总监的拼搏之路** 秦国伟　著	本书讲述了一个普通销售员打拼成为跨国企业营销总监的真实奋斗历程	激励人心，给广大销售员以力量和鼓舞
	快消老手都在这样做：区域经理操盘锦囊 方　刚　著	非常接地气，全是多年沉淀下来的干货，丰富的一线经验和实操方法不可多得	在市场摸爬滚打的"老油条"，那些独家绝招妙招一般你问都是问不来的
	动销四维：全程辅导与新品上市 高继中　著	从产品、渠道、促销和新品上市详细讲解提高动销的具体方法，总结作者18年的快消品行业经验，方法实操	内容全面系统，方法实操
农业	**新农资如何换道超车** 刘祖轲　等著	从农业产业化、互联网转型、行业营销与经营突破四个方面阐述如何让农资企业占领先机、提前布局	南方略专家告诉你如何应对资源浪费、生产效率低下、产能严重过剩、价格与价值严重扭曲等
	中国牧场管理实战：畜牧业、乳业必读 黄剑黎　著	本书不仅提供了来自一线的实际经验，还收入了丰富的工具文档与表单	填补空白的行业必读作品
	中小农业企业品牌战法 韩　旭　著	将中小农业企业品牌建设的方法，从理论讲到实践，具有指导性	全面把握品牌规划，传播推广，落地执行的具体措施
	农资营销实战全指导 张　博　著	农资如何向"深度营销"转型，从理论到实践进行系统剖析，经验资深	朴实、使用！不可多得的农资营销实战指导
	农产品营销第一书 胡浪球　著	从农业企业战略到市场开拓、营销、品牌、模式等	来源于实践中的思考，有启发
	变局下的农牧企业9大成长策略 彭志雄　著	食品安全、纵向延伸、横向联合、品牌建设……	唯一的农牧企业经营实操的书，农牧企业一定要看
医药	**在中国，医药营销这样做：时代方略精选文集** 段继东　主编	专注于医药营销咨询15年，将医药营销方法的精华文章合编，深入全面	可谓医药营销领域的顶尖著作，医药界读者的必读书
	医药新营销：制药企业、医药商业企业营销模式转型 史立臣　著	医药生产企业和商业企业在新环境下如何做营销？老方法还有没有用？如何寻找新方法？新方法怎么用？本书给你答案	内容非常现实接地气，踏实谈问题说方法
	医药企业转型升级战略 史立臣　著	药企转型升级有5大途径，并给出落地步骤及风险控制方法	实操性强，有作者个人经验总结及分析
	新医改下的医药营销与团队管理 史立臣　著	探讨新医改对医药行业的系列影响和医药团队管理	帮助理清思路，有一个框架
	医药营销与处方药学术推广 马宝琳　著	如何用医学策划把"平民产品"变成"明星产品"	有真货、讲真话的作者，堪称处方药营销的经典！
	医药行业大洗牌与药企创新 林延君　沈　斌　著	一方面，围绕着变革，多角度阐述药企的应对之道；另一方面，紧扣实践，介绍近百家医药企业创新实践案例	医改变革10年，医药企业如何应对大洗牌？重磅出击的药企人必读书
	新医改了，药店就要这样开 尚　锋　著	药店经营、管理、营销全攻略	有很强的实战性和可操作性

续表

医药	**电商来了，实体药店如何突围** 尚　锋　著	电商崛起，药店该如何突围？本书从促销、会员服务、专业性、客单价等多重角度给出了指导方向	实战攻略，拿来就能用
	OTC 医药代表药店销售 36 计 鄢圣安　著	以《三十六计》为线，写 OTC 医药代表向药店销售的一些技巧与策略	案例丰富，生动真实，实操性强
	OTC 医药代表药店开发与维护 鄢圣安　著	要做到一名专业的医药代表，需要做什么、准备什么、知识储备、操作技巧等	医药代表药店拜访的指导手册，手把手教你快速上手
	引爆药店成交率 1：店员导购实战 范月明　著	一本书解决药店导购所有难题	情景化、真实化、实战化
	引爆药店成交率 2：经营落地实战 范月明　著	最接地气的经营方法全指导	揭示了药店经营的几类关键问题
	引爆药店成交率：专业化销售解决方案 范月明　著	药品搭配分析与关联销售	为药店人专业化助力
	处方药零售这样做 田　军　著	阐述了处方药零售的重要性，以及做处方药零售市场的具体措施和方法	系统性了解和掌握处方药零售方法
建材家居	**成为最赚钱的家具建材经销商** 李治江　著	从销售模式、产品、门店等老板们最关注和最需要的方面解决问题、提供方法	只要你是建材、家具、家居用品的经销商老板，这就是一本必读的书
	家具行业操盘手 王献永　著	家具行业问题的终结者	解决了干家具还有没有前途？为什么同城多店的家具经销商很难做大做强等问题
	建材家居营销：除了促销还能做什么 孙嘉晖　著	一线老手的深度思考，告诉你在建材家居营销模式基本停滞的今天，除了促销，营销还能怎么做	给你的想法一场革命
	建材家居营销实务 程绍珊　杨鸿贵　主编	价值营销运用到建材家居，每一步都让客户增值	有自己的系统、实战
	家居建材门店 6 力爆破 贾同领　著	合盘道出一线品牌销量秘籍	6 力招招见血，既有招数，又有策略
	建材家居门店销量提升 贾同领　著	店面选址、广告投放、推广助销、空间布局、生动展示、店面运营等	门店销量提升是一个系统工程，非常系统、实战
	10 步成为最棒的建材家居门店店长 徐伟泽　著	实际方法易学易用，让员工能够迅速成长，成为独当一面的好店长	只要坚持这样干，一定能成为好店长
	手把手帮建材家居导购业绩倍增：成为顶尖的门店店员 熊亚柱　著	生动的表现形式，让普通人也能成为优秀的导购员，让门店业绩长红	读着有趣，用着简单，一本在手、业绩无忧
	建材家居经销商实战 42 章经 王庆云　著	告诉经销商：老板怎么当、团队怎么带、生意怎么做	忠言逆耳，看着不舒服就对了，实战总结，用一招半式就值了

续表

工业品	**销售是门专业活:B2B、工业品** 陆和平　著	销售流程就应该跟着客户的采购流程和关注点的变化向前推进,将一个完整的销售过程分成十个阶段,提供具体方法	销售不是请客吃饭拉关系,是个专业的活计! 方法在手,走遍天下不愁
	解决方案营销实战案例 刘祖轲　著	用10个真案例讲明白什么是工业品的解决方案式营销,实战、实用	有干货、真正操作过的才能写得出来
	变局下的工业品企业7大机遇 叶敦明　著	产业链条的整合机会、盈利模式的复制机会、营销红利的机会、工业服务商转型机会……	工业品企业还可以这样做,思维大突破
	工业品市场部实战全指导 杜　忠　著	工业品市场部经理工作内容全指导	系统、全面、有理论、有方法,帮助工业品市场部经理更快提升专业能力
	工业品营销管理实务 李洪道　著	中国特色工业品营销体系的全面深化、工业品营销管理体系优化升级	工具更实战,案例更鲜活,内容更深化
	工业品企业如何做品牌 张东利　著	为工业品企业提供最全面的品牌建设思路	有策略、有方法、有思路、有工具
	丁兴良讲工业4.0 丁兴良　著	没有枯燥的理论和说教,用朴实直白的语言告诉你工业4.0的全貌	工业4.0是什么? 本书告诉你答案
	资深大客户经理:策略准,执行狠 叶敦明　著	从业务开发、发起攻势、关系培育、职业成长四个方面,详述了大客户营销的精髓	满满的全是干货
	一切为了订单:订单驱动下的工业品营销实战 唐道明　著	其实,所有的企业都在围绕着两个字在开展全部的经营和管理工作,那就是“订单”	开发订单、满足订单、扩大订单。本书全是实操方法,字字珠玑、句句干货,教你获得营销的胜利
金融	**交易心理分析** (美)马克·道格拉斯　著 刘真如　译	作者一语道破赢家的思考方式,并提供了具体的训练方法	不愧是投资心理的第一书,绝对经典
	精品银行管理之道 崔海鹏　何　屹　主编	中小银行转型的实战经验总结	中小银行的教材很多,实战类的书很少,可以看看
	支付战争 Eric M. Jackson　著 徐　彬　王　晓　译	PayPal创业期营销官,亲身讲述PayPal从诞生到壮大到成功出售的整个历史	激烈、有趣的内幕商战故事! 了解美国支付市场的风云巨变
	中外并购名著专业阅读指南 叶兴平　等著	在5000多本并购类图书中精选的200著作,在阅读的基础上写的读书评价	精挑细选200本并一一评介,省去读者挑选的烦恼,快捷、高效
	互联网时代的银行转型 韩友诚　著	以大量案例形式为读者全面展示和分析了银行的互联网金融转型应对之道	结合本土银行转型发展案例的书籍

续表

房地产	**产业园区/产业地产规划、招商、运营实战** 阎立忠　著	目前中国第一本系统解读产业园区和产业地产建设运营的实战宝典	从认知、策划、招商到运营全面了解地产策划
	人文商业地产策划 戴欣明　著	城市与商业地产战略定位的关键是不可复制性，要发现独一无二的“味道”	突破千城一面的策划困局
	电影院的下一个黄金十年：开发·差异化·案例 李保煜　著	对目前电影院市场存大的问题及如何解决进行了探讨与解读	多角度了解电影院运营方式及代表性案例
能源	**全能型班组：城市能源互联网与电力班组升级** 国网天津市电力公司　编著	借鉴国内外优秀企业的转型升级思路，通过对于新型班组组织模式和运行机制的大胆设想，力图构建充分适应内外环境变化的全能型班组	看看庞大的国企在新环境下是如何顺应时代的
	国网天津电力全能型班组建设实务 国网天津市电力公司　编著	本书聚焦于天津电力公司在探索全能型班组转型升级时的优秀实践	电力行业的班组实践，具体、可操作性强

经营类：企业如何赚钱，如何抓机会，如何突破，如何“开源”

	书名．作者	内容/特色	读者价值
抓方向	**让经营回归简单．升级版** 宋新宇　著	化繁为简抓住经营本质：战略、客户、产品、员工、成长	经典，做企业就这几个关键点！
	混沌与秩序Ⅰ：变革时代企业领先之道 **混沌与秩序Ⅱ：变革时代管理新思维** 彭剑锋　尚艳玲　主编	汇集华夏基石专家团队10年来研究成果，集中选择了其中的精华文章编纂成册	作者都是既有深厚理论积淀又有实践经验的重磅专家，为中国企业和企业家的未来提出了高屋建瓴的观点
	活系统：跟任正非学当老板 孙行健　尹　贤　著	以任正非的独到视角，教企业老板如何经营公司	看透公司经营本质，激活企业活力
	重构：快消品企业重生之道 杨永华　著	从7个角度，帮助企业实现系统性的改造	提供转型思想与方法，值得参考
	公司由小到大要过哪些坎 卢　强　著	老板手里的一张“企业成长路线图”	现在我在哪儿，未来还要走哪些路，都清楚了
	企业二次创业成功路线图 夏惊鸣　著	企业曾经抓住机会成功了，但下一步该怎么办？	企业怎样获得第二次成功，心里有个大框架了
	老板经理人双赢之道 陈　明　著	经理人怎养选平台、怎么开局，老板怎样选/育/用/留	老板生闷气，经理人牢骚大，这次知道该怎么办了
	简单思考：AMT咨询创始人自述 孔祥云　著	著名咨询公司（AMT）的CEO创业历程中点点滴滴的经验与思考	每一位咨询人，每一位创业者和管理经营者，都值得一读
	企业文化的逻辑 王祥伍　黄健江　著	为什么企业绩效如此不同，解开绩效背后的文化密码	少有的深刻，有品质，读起来很流畅
	使命驱动企业成长 高可为　著	钱能让一个人今天努力，使命能让一群人长期努力	对于想做事业的人，‘使命’是绕不过去的

续表

思维突破	**盈利原本就这么简单** 高可为　著	从财务的角度揭示企业盈利的秘密	多方面解读商业模式与盈利的关系，通俗易懂，受益匪浅
	移动互联新玩法：未来商业的格局和趋势 史贤龙　著	传统商业、电商、移动互联，三个世界并存，这种新格局的玩法一定要懂	看清热点的本质，把握行业先机，一本书搞定移动互联网
	画出公司的互联网进化路线图：用互联网思维重塑产品、客户和价值 李　蓓　著	18 个问题帮助企业一步步梳理出互联网转型思路	思路清晰、案例丰富，非常有启发性
	重生战略：移动互联网和大数据时代的转型法则 沈　拓　著	在移动互联网和大数据时代，传统企业转型如同生命体打算与再造，称之为“重生战略”	帮助企业认清移动互联网环境下的变化和应对之道
	创造增量市场：传统企业互联网转型之道 刘红明　著	传统企业需要用互联网思维去创造增量，而不是用电子商务去转移传统业务的存量	教你怎么在“互联网 +”的海洋中创造实实在在的增量
	7 个转变，让公司 3 年胜出 李　蓓　著	消费者主权时代，企业该怎么办	这就是互联网思维，老板有能这样想，肯定倒不了
	跳出同质思维，从跟随到领先 郭　剑　著	66 个精彩案例剖析，帮助老板突破行业长期思维惯性	做企业竟然有这么多玩法，开眼界
	麻烦就是需求　难题就是商机 卢根鑫　著	如何借助客户的眼睛发现商机	什么是真商机，怎么判断、怎么抓，有借鉴
	互联网 +“变”与“不变”：本土管理实践与创新论坛集萃·2016 本土管理实践与创新论坛　著	加速本土管理思想的孕育诞生，促进本土管理创新成果更好地服务企业、贡献社会	各个作者本年度最新思想，帮助读者拓宽眼界、突破思维
	消费升级：实践　研究（文集） 本土管理实践与创新论坛　著	38 位管理专家及 7 位学者的精华思想，从经营、管理、行业及思想研究四个方面阐述中国企业在消费升级下的实践与研究	思想启发，行业借鉴
财务	**写给企业家的公司与家庭财务规划——从创业成功到富足退休** 周荣辉　著	本书以企业的发展周期为主线，写各阶段企业与企业主家庭的财务规划	为读者处理人生各阶段企业与家庭的财务问题提供建议及方法，让家庭成员真正享受财富带来的益处
	互联网时代的成本观 程　翔　著	本书结合互联网时代提出了成本的多维观，揭示了多维组合成本的互联网精神和大数据特征，论述了其产生背景、实现思路和应用价值	在传统成本观下为盈利的业务，在新环境下也许就成为亏损业务。帮助管理者从新的角度来看待成本，进一步做好精益管理
	财报背后的投资机会 蒋　豹　著	以具体的公司案例分析，教你迅速看出财务报表与企业经营的关系、所反映的企业经营现状，从而找到投资机会	前四大会计所员工为读者解密财报，发现投资机会

续表

管理类:效率如何提升,如何实现经营目标,如何"节流"			
书名.作者		内容/特色	读者价值
通用管理	**让管理回归简单·升级版** 宋新宇　著	从目标、组织、决策、授权、人才和老板自己层面教你怎样做管理	帮助管理抓住管理的要害,让管理变得简单
	让经营回归简单·升级版 宋新宇　著	从战略、客户、产品、员工、成长、经营者自身等七个方面,归纳总结出简单有效的经营法则	总结出的真正优秀企业的成功之道:简单
	让用人回归简单 宋新宇　著	从用人的原则、用人的难题与误区、用人的方法和用人者的修炼四大方面,总结出适合中小企业做好人才管理工作的法则	帮助管理者抓住用人的要害,让用人变得简单
	历史深处的管理智慧1:组织建设与用人之道 刘文瑞　著	对历史之典故、政事、人事、政制进行管理解析,鉴照企业人才的选用育留	推动理论与实践的对接,实现理性与情感的渗透,用中国话语说明管理智慧
	历史深处的管理智慧2:战略决策与经营运作 刘文瑞 著	对历史之典故、政事、人事、政制进行管理解析,鉴照企业战略设计与经营实践	推动理论与实践的对接,实现理性与情感的渗透,用中国话语说明管理智慧
	历史深处的管理智慧3:领导修炼与文化素养 刘文瑞　著	对历史之典故、政事、人事、政制进行管理解析,鉴照企业领导职业能力提升与文化修养	推动理论与实践的对接,实现理性与情感的渗透,用中国话语说明管理智慧
	管理的尺度 刘文瑞　著	对管理中的种种普遍性问题进行了批评	提高把握管理尺度的能力
	管理学在中国 刘文瑞　著	系统性介绍了管理学在中国的发展和演变	了解管理学在中国的发展脉络,更清晰理解管理学的本质
	看电影,懂管理 刘文瑞　著	16部经典电影,带你感悟管理智慧	能够帮助读者放松身心,驰骋想象,在不知不觉中增长智慧
	管理:以规则驾驭人性 王春强　著	详细解读企业规则的制定方法	从人与人博弈角度提升管理的有效性
	员工心理学超级漫画版 邢　雷　著	以漫画的形式深度剖析员工心理	帮助管理者更了解员工,从而更轻松地管理员工
	老板有想法,高层有干法:企业中的将帅之道 王清华　著	深入剖析老板与高管的异同	各司其职,各行其是,相辅相成
	分股合心:股权激励这样做 段磊　周剑　著	通过丰富的案例,详细介绍了股权激励的知识和实行方法	内容丰富全面、易读易懂,了解股权激励,有这一本就够了
	边干边学做老板 黄中强　著	创业20多年的老板,有经验、能写、又愿意分享,这样的书很少	处处共鸣,帮助中小企业老板少走弯路

续表

通用管理	**成为敏感而体贴的公司** 王　涛　著	本书为作者对企业的观察和冥想的随笔记录。从生活中的一个现象入手，进而探索现象背后的本质	从全新角度认识公司
	中国企业的觉醒：正直 善良 成长 王　涛　著	围绕着企业人如何发生转化展开，对中国人、中国文化及由此导致的企业现状的观察和思考	企业除了要利润，还需要道德
	有意识的思考：轻松化解问题的7个思考习惯 王　涛　著	本书是对思想、思考过程、思考方式进行的细致观察	养成好的思考习惯，更深刻地看问题
	中国式阿米巴落地实践之从交付到交易 胡八一　著	本书主要讲述阿米巴经营会计，“从交付到交易”，这是成功实施了阿米巴的标志	阿米巴经营会计的工作是有逻辑关联的，一本书就能搞定
	中国式阿米巴落地实践之激活组织 胡八一　著	重点讲解如何科学划分阿米巴单元，阐述划分的实操要领、思路、方法、技术与工具	最大限度减少“推行风险”和“摸索成本”，利于公司成功搭建适合自身的个性化阿米巴经营体系
	中国式阿米巴落地实践之持续盈利 胡八一　著	把企业做成平台，企业才能做大（格局）；把平台做成阿米巴，企业才能做强（专业）；把阿米巴做成合伙制，企业才能做久（机制）	中国式阿米巴落地实践三部曲的最后一部，告诉你企业如何做大做强做久
	集团化企业阿米巴实战案例 初勇钢　著	一家集团化企业阿米巴实施案例	指导集团化企业系统实施阿米巴
	阿米巴经营的中国模式 李志华　著	让员工从“要我干”到“我要干”，价值量化出来	阿米巴在企业如何落地，明白思路了
	欧博心法：好管理靠修行 曾　伟　著	用佛家的智慧，深刻剖析管理问题，见解独到	如果真的有‘中国式管理’，曾老师是其中标志性人物
	领导这样点燃你的下属 孟广桥　著	领导者如何才能让员工积极主动地工作？如何让你的员工和下属保持工作的热情，自动自发？看了这本书就知道	只要你希望手下的“兵将”永远充满工作的斗志，这本书将使你获益良多
流程管理	**1. 用流程解放管理者** **2. 用流程解放管理者 2** 张国祥　著	中小企业阅读的流程管理、企业规范化的书	通俗易懂，理论和实践的结合恰到好处
	跟我们学建流程体系 陈立云　著	畅销书《跟我们学做流程管理》系列，更实操，更细致，更深入	更多地分享实践，分享感悟，从实践总结出来的方法论
	人人都要懂流程 金国华　余雅丽　著	当前各企业流程管理方面最为典型的痛点现象及问题案例	通俗易懂，适合企业全员阅读

续表

质量管理	**IATF16949 质量管理体系详解与案例文件汇编：TS16949 转版 IATF16949：2016** 谭洪华　著	针对 IATF 的新标准做了详细的解说，同时指出了一些推行中容易犯的错误，提供了大量的表单、案例	案例、表单丰富，拿来就用
	五大质量工具详解及运用案例：APQP/FMEA/PPAP/MSA/SPC 谭洪华　著	对制造业必备的五大质量工具中每个文件的制作要求、注意事项、制作流程、成功案例等进行了解读	通俗易懂、简便易行，能真正实现学以致用
	ISO9001：2015 新版质量管理体系详解与案例文件汇编 谭洪华　著	紧密围绕 2015 年新版质量管理体系文件逐条详细解读，并提供可以直接套用的案例工具，易学易上手	企业质量管理认证、内审必备
	ISO14001：2015 新版环境管理体系详解与案例文件汇编 谭洪华　著	紧密围绕 2015 年新版环境管理体系文件逐条详细解读，并提供可以直接套用的案例工具，易学易上手	企业环境管理认证、内审必备
	SA8000：2014 社会责任管理体系认证实战 吕　林　著	作者根据自己的操作经验，按认证的流程，以相关案例进行说明 SA8000 认证体系	简单，实操性强，拿来就能用
	精益质量管理实战工具 贺小林　著	制造类企业日常工作中所需要的精益管理工具的归纳整理，并进行案例操作的细致分析	可以直接参考，实际解决生产中的具体问题
战略落地	**重生——中国企业的战略转型** 施　炜　著	从前瞻和适用的角度，对中国企业战略转型的方向、路径及策略性举措提出了一些概要性的建议和意见	对企业有战略指导意义
	公司大了怎么管：从靠英雄到靠组织 AMT 金国华　著	第一次详尽阐释中国快速成长型企业的特点、问题及解决之道	帮助快速成长型企业领导及管理团队理清思路，突破瓶颈
	低效会议怎么改：每年节省一半会议成本的秘密 AMT 王玉荣　著	教你如何系统规划公司的各级会议，一本工具书	教会你科学管理会议的办法
	年初订计划，年尾有结果：战略落地七步成诗 AMT 郭晓　著	7 个步骤教会你怎么让公司制定的战略转变为行动	系统规划，有效指导计划实现
人力资源	**HRBP 是这样炼成的之"菜鸟起飞"** 新　海　著	以小说的形式，具体解析 HRBP 的职责，应该如何操作，如何为业务服务	实践者的经验分享，内容实务具体，形式有趣
	HRBP 是这样炼成的之中级修炼 新　海　著	本书以案例故事的方式，介绍了 HRBP 在实际工作中碰到的问题和挑战	书中的 HR 解决方案讲究因时因地制宜、简单有效的原则，重在启发读者思路，可供各类企业 HRBP 借鉴
	HRBP 是这样炼成的之高级修炼 新　海　著	以故事的形式，展现了 HRBP 工作者在职业发展路上的层层深入和递进	为读者提供 HRBP 在实际工作中遇到种种问题的解决方案

续表

人力资源	**把面试做到极致：首席面试官的人才甄选法** 孟广桥　著	作者用自己几十年的人力资源经验总结出的一套实用的确定岗位招聘标准、提升面试官技能素质的简便方法	面试官必备，没有空泛理论，只有巧妙的实操技能
	人力资源体系与 e－HR 信息化建设 刘书生　陈　莹　王美佳　著	将作者经历的人力资源管理变革、人力资源管理信息化咨询项目方法论、工具和成果全面展现给读者，使大家能够将其快速应用到管理实践中	系统性非常强，没有废话，全部是浓缩的干货
	回归本源看绩效 孙　波　著	让绩效回顾“改进工具”的本源，真正为企业所用	确实是来源于实践的思考，有共鸣
	世界 500 强资深培训经理人教你做培训管理 陈　锐　著	从 7 大角度具体细致地讲解了培训管理的核心内容	专业、实用、接地气
	曹子祥教你做激励性薪酬设计 曹子祥　著	以激励性为指导，系统性地介绍了薪酬体系及关键岗位的薪酬设计模式	深入浅出，一本书学会薪酬设计
	曹子祥教你做绩效管理 曹子祥　著	复杂的理论通俗化，专业的知识简单化，企业绩效管理共性问题的解决方案	轻松掌握绩效管理
	把招聘做到极致 远　鸣　著	作为世界 500 强高级招聘经理，作者数十年招聘经验的总结分享	带来职场思考境界的提升和具体招聘方法的学习
	人才评价中心．超级漫画版 邢　雷　著	专业的主题，漫画的形式，只此一本	没想到一本专业的书，能写成这效果
	走出薪酬管理误区 全怀周　著	剖析薪酬管理的 8 大误区，真正发挥好枢纽作用	值得企业深读的实用教案
	集团化人力资源管理实践 李小勇　著	对搭建集团化的企业很有帮助，务实，实用	最大的亮点不是理论，而是结合实际的深入剖析
	我的人力资源咨询笔记 张　伟　著	管理咨询师的视角，思考企业的 HR 管理	通过咨询师的眼睛对比很多企业，有启发
	本土化人力资源管理 8 大思维 周　剑　著	成熟 HR 理论，在本土中小企业实践中的探索和思考	对企业的现实困境有真切体会，有启发
企业文化	**36 个拿来就用的企业文化建设工具** 海融心胜　主编	数十个工具，为了方便拿来就用，每一个工具都严格按照工具属性、操作方法、案例解读划分，实用、好用	企业文化工作者的案头必备书，方法都在里面，简单易操作
	企业文化建设超级漫画版 邢　雷　著	以漫画的形式系统教你企业文化建设方法	轻松易懂好操作

续表

企业文化	**华夏基石方法:企业文化落地本土实践** 王祥伍　谭俊峰　著	十年积累、原创方法、一线资料,和盘托出	在文化落地方面真正有洞察,有实操价值的书
	企业文化的逻辑 王祥伍　著	为什么企业之间如此不同,解开绩效背后的文化密码	少有的深刻,有品质,读起来很流畅
	企业文化激活沟通 宋杼宸　安　琪　著	透过新任 HR 总经理的眼睛,揭示出沟通与企业文化的关系	有实际指导作用的文化落地读本
	在组织中绽放自我:从专业化到职业化 朱仁健　王祥伍　著	个人如何融入组织,组织如何助力个人成长	帮助企业员工快速认同并投入到组织中去,为企业发展贡献力量
	企业文化定位·落地一本通 王明胤　著	把高深枯燥的专业理论创建成一套系统化、实操化、简单化的企业文化缔造方法	对企业文化不了解,不会做? 有这一本从概念到实操,就够了
生产管理	**精益思维:中国精益如何落地** 刘承元　著	笔者二十余年企业经营和咨询管理的经验总结	中国企业需要灵活运用精益思维,推动经营要素与管理机制的有机结合,推动企业管理向前发展
	300 张现场图看懂精益 5S 管理 乐　涛　编著	5S 现场实操详解	案例图解,易懂易学
	高员工流失率下的精益生产 余伟辉　著	中国的精益生产必须面对和解决高员工流失率问题	确实来源于本土的工厂车间,很务实
	车间人员管理那些事儿 岑立聪　著	车间人员管理中处理各种"疑难杂症"的经验和方法	基层车间管理者最闹心、头疼的事,'打包'解决
	1. 欧博心法:好管理靠修行 **2. 欧博心法:好工厂这样管** 曾　伟　著	他是本土最大的制造业管理咨询机构创始人,他从 400 多个项目、上万家企业实践中锤炼出的欧博心法	中小制造型企业,一定会有很强的共鸣
	欧博工厂案例 1:生产计划管控对话录 **欧博工厂案例 2:品质技术改善对话录** **欧博工厂案例 3:员工执行力提升对话录** 曾　伟　著	最典型的问题、最详尽的解析,工厂管理 9 大问题 27 个经典案例	没想到说得这么细,超出想象,案例很典型,照搬都可以了
	工厂管理实战工具 欧博企管　编著	以传统文化为核心的管理工具	适合中国工厂
	苦中得乐:管理者的第一堂必修课 曾　伟　编著	曾伟与师傅大愿法师的对话,佛学与管理实践的碰撞,管理禅的修行之道	用佛学最高智慧看透管理
	比日本工厂更高效 1:管理提升无极限 刘承元　著	指出制造型企业管理的六大积弊;颠覆流行的错误认知;掌握精益管理的精髓	每一个企业都有自己不同的问题,管理没有一剑封喉的秘笈,要从现场、现物、现实出发
	比日本工厂更高效 2:超强经营力 刘承元　著	企业要获得持续盈利,就要开源和节流,即实现销售最大化,费用最小化	掌握提升工厂效率的全新方法

续表

生产管理	**比日本工厂更高效3:精益改善力的成功实践** 刘承元 著	工厂全面改善系统有其独特的目的取向特征,着眼于企业经营体质(持续竞争力)的建设与提升	用持续改善力来飞速提升工厂的效率,高效率能够带来意想不到的高效益
	3A 顾问精益实践 1:IE 与效率提升 党新民 苏迎斌 蓝旭日 著	系统的阐述了 IE 技术的来龙去脉以及操作方法	使员工与企业持续获利
	3A 顾问精益实践 2:JIT 与精益改善 肖志军 党新民 著	只在需要的时候,按需要的量,生产所需的产品	提升工厂效率
	手把手教你做专业的生产经理 黄 娜 著	物流、信息流、资金流,让生产经理管理有抓手	从菜鸟到能把控全局
员工素质提升	**TTT 培训师精进三部曲(上):深度改善现场培训效果** 廖信琳 著	现场把控不用慌,这里有妙招一用就灵	课程现场无论遇到什么样的情况都能游刃有余
	TTT 培训师精进三部曲(中):构建最有价值的课程内容 廖信琳 著	这样做课程内容,学员有收获 培训师也有收获	优质的课程内容是树立个人品牌的保证
	TTT 培训师精进三部曲(下):职业功力沉淀与修为提升 廖信琳 著	从内而外提升自己,职业的道路一帆风顺	走上职业 TTT 内训师的康庄大道
	培训师,如何让你的事业长青:自我管理的 10 项法则 廖信琳 著	建立了一套完整的培训师自我管理体系,为培训师的职业成长与发展提供有益的指引	培训师如何在自己的职业道路上越走越高,事业长青,一直有所收获与成长?本书将给你答案
	管理咨询师的第一本书:百万年薪 千万身价 熊亚柱 著	从问题出发,发现问题、分析问题、解决问题,让两眼一抹黑的新人快速成长	管理咨询师初入职场,让这本书开启百万年薪之路
	手把手教你做专业督导:专卖店、连锁店 熊亚柱 著	从督导的职能、作用,在工作中需要的专业技能、方法,都提供了详细的解读和训练办法,同时附有大量的表单工具	无论是店铺需要统一培训,还是个人想成为优秀的督导,有这一本就够了
	跟老板"偷师"学创业 吴江萍 余晓雷 著	边学边干,边观察边成长,你也可以当老板	不同于其他类型的创业书,让你在工作中积累创业经验,一举成功
	销售轨迹:一位快消品营销总监的拼搏之路 秦国伟 著	本书讲述了一个普通销售员打拼成为跨国企业营销总监的真实奋斗历程	激励人心,给广大销售员以力量和鼓舞
	在组织中绽放自我:从专业化到职业化 朱仁健 王祥伍 著	个人如何融入组织,组织如何助力个人成长	帮助企业员工快速认同并投入到组织中去,为企业发展贡献力量
	企业员工弟子规:用心做小事,成就大事业 贾同领 著	从传统文化《弟子规》中学习企业中为人处事的办法,从自身做起	点滴小事,修养自身,从自身的改善得到事业的提升

续表

员工素质提升	**手把手教你做顶尖企业内训师:TTT 培训师宝典** 熊亚柱　著	从课程研发到现场把控、个人提升都有涉及,易读易懂,内容丰富全面	想要做企业内训师的员工有福了,本书教你如何抓住关键,从入门到精通
	客诉处理金手指:客户投诉的应对与管理 孟广桥　著	立足于投诉处理的实践,剖析了不同投诉者投诉的特点和应对措施,并提供各种技巧方法、赢得客户信赖所需培养的品质修炼、处理投诉应掌握的法律法规等工具	是投诉处理人员适应岗位职能需要、提升工作技能的良师益友,是企业变诉为金、培养业务骨干的法宝

营销类:把客户需求融入企业各环节,提供"客户认为"有价值的东西

书名．作者		内容/特色	读者价值
营销模式	**精品营销战略** 杜建君　著	以精品理念为核心的精益战略和营销策略	用精品思维赢得高端市场
	变局下的营销模式升级 程绍珊　叶　宁　著	客户驱动模式、技术驱动模式、资源驱动模式	很多行业的营销模式被颠覆,调整的思路有了!
	卖轮子 科克斯【美】	小说版的营销学!营销理念巧妙贯穿其中,贵在既有趣,又有深度	经典、有趣!一个故事读懂营销精髓
	动销操盘:节奏掌控与社群时代新战法 朱志明　著	在社群时代把握好产品生产销售的节奏,解析动销的症结,寻找动销的规律与方法	都是易读易懂的干货!对动销方法的全面解析和操盘
	弱势品牌如何做营销 李政权　著	中小企业虽有品牌但没名气,营销照样能做的有声有色	没有丰富的实操经验,写不出这么具体、详实的案例和步骤,很有启发
	老板如何管营销 史贤龙　著	高段位营销 16 招,好学好用	老板能看,营销人也能看
	洞察人性的营销战术:沈坤教你 28 式 沈　坤　著	28 个匪夷所思的营销怪招令人拍案叫绝,涉及商业竞争的方方面面,大部分战术可以直接应用到企业营销中	各种谋略得益于作者的横向思维方式,将其操作过的案例结合其中,提供的战术对读者有参考价值
	动销:产品是如何畅销起来的 吴江萍　余晓雷　著	真真切切告诉你,产品究竟怎么才能卖出去	击中痛点,提供方法,你值得拥有
	1000 铁杆女粉丝 张兵武　著	连接是女性与生俱来的特质。能善用连接的营销人员,就像拿到打开女性荷包的钥匙	重新认识女性的传播力量
	360°谈营销:一位营销咨询师 20 年实战洞察 王清华　古怀亮　著	各个角度,全方位,多视点剥营销	思路单一,此书帮你破
	营销按钮:扣动一触即发的力量 老　苗　著	提供各种奇形怪状的营销武器	一定会带给你不一样的思维震撼

续表

销售	**资深大客户经理:策略准,执行狠** 叶敦明　著	从业务开发、发起攻势、关系培育、职业成长四个方面,详述了大客户营销的精髓	满满的全是干货
	成为资深的销售经理:B2B、工业品 陆和平　著	围绕"销售管理的六个关键控制点"一一展开,提供销售管理的专业、高效方法	方法和技术接地气,拿来就用,从销售员成长为经理不再犯难
	销售是门专业活:B2B、工业品 陆和平　著	销售流程就应该跟着客户的采购流程和关注点的变化向前推进,将一个完整的销售过程分成十个阶段,提供具体方法	销售不是请客吃饭拉关系,是个专业的活计!方法在手,走遍天下不愁
	向高层销售:与决策者有效打交道 贺兵一　著	一套完整有效的销售策略	有工具,有方法,有案例,通俗易懂
	卖轮子 科克斯　【美】	小说版的营销学!营销理念巧妙贯穿其中,贵在既有趣,又有深度	经典、有趣!一个故事读懂营销精髓
	学话术　卖产品 张小虎　著	分析常见的顾客异议,将优秀的话术模块化	让普通导购员也能成为销售精英
组织和团队	**升级你的营销组织** 程绍珊　吴越舟　著	用"有机性"的营销组织替代"营销能人",营销团队变成"铁营盘"	营销队伍最难管,程老师不愧是营销第1操盘手,步骤方法都很成熟
	用数字解放营销人 黄润霖　著	通过量化帮助营销人员提高工作效率	作者很用心,很好的常备工具书
	成为优秀的快消品区域经理(升级版) 伯建新　著	用"怎么办"分析区域经理的工作关键点,增加30%全新内容,更贴近环境变化	可以作为区域经理的"速成催化器"
	成为资深的销售经理:B2B、工业品 陆和平　著	围绕"销售管理的六个关键控制点"一一展开,提供销售管理的专业、高效方法	方法和技术接地气,拿来就用,从销售员成长为经理不再犯难
	一位销售经理的工作心得 蒋　军　著	一线营销管理人员想提升业绩却无从下手时,可以看看这本书	一线的真实感悟
	快消品营销:一位销售经理的工作心得2 蒋　军　著	快消品、食品饮料营销的经验之谈,重点突出	来源于实战的精华总结
	销售轨迹:一位快消品营销总监的拼搏之路 秦国伟　著	本书讲述了一个普通销售员打拼成为跨国企业营销总监的真实奋斗历程	激励人心,给广大销售员以力量和鼓舞
	用营销计划锁定胜局:用数字解放营销人2 黄润霖　著	全方位教你怎么做好营销计划,好学好用真简单	照搬套用就行,做营销计划再也不头痛
	快消品营销人的第一本书:从入门到精通 刘　雷　伯建新　著	快消行业必读书,从入门到专业	深入细致,易学易懂
产品	**产品开发管理方法·流程·工具:从作坊式到规范化** 任彭枞　著	产品研发管理体系全指导	既有工具,又能开拓思路
	新产品开发管理,就用IPD(升级版) 郭富才　著	10年IPD研发管理咨询总结,国内首部IPD专业著作	一本书掌握IPD管理精髓

续表

产品	**这样打造大单品：案例 策略 方法** 迪智成咨询团队 著	囊括十三个不同行业、企业的实际案例，从不同角度详细剖析、总结了这些品牌厂家打造大单品的成功经验或者失败教训	厘清大单品打造的策划与路径，得出持续经营的思路与方法
	资深项目经理这样做新产品开发管理 秦海林 著	以IPD为思想，系统讲解新产品开管理的细节	提供管理思路和实用工具
	产品炼金术Ⅰ：如何打造畅销产品 史贤龙 著	满足不同阶段、不同体量、不同行业企业对产品的完整需求	必须具备的思维和方法，避免在产品问题上走弯路
	产品炼金术Ⅱ：如何用产品驱动企业成长 史贤龙 著	做好产品、关注产品的品质，就是企业成功的第一步	必须具备的思维和方法，避免在产品问题上走弯路
品牌	**中小企业如何建品牌** 梁小平 著	中小企业建品牌的入门读本，通俗、易懂	对建品牌有了一个整体框架
	采纳方法：破解本土营销8大难题 朱玉童 编著	全面、系统、案例丰富、图文并茂	希望在品牌营销方面有所突破的人，应该看看
	中国品牌营销十三战法 朱玉童 编著	采纳20年来的品牌策划方法，同时配有大量的案例	众包方式写作，丰富案例给人启发，极具价值
	今后这样做品牌：移动互联时代的品牌营销策略 蒋 军 著	与移动互联紧密结合，告诉你老方法还能不能用，新方法怎么用	今后这样做品牌就对了
	中小企业如何打造区域强势品牌 吴 之 著	帮助区域的中小企业打造自身品牌，如何在强壮自身的基础上往外拓展	梳理误区，系统思考品牌问题，切实符合中小区域品牌的自身特点进行阐述
渠道通路	**深度分销：掌控渠道价值链** 施 炜 著	制造商通过掌控渠道价值链，将管理触角延伸至零售层面及顾客现场，对市场根部精耕细作，从而挖掘需求，构筑区域市场尤其是三四级市场的竞争壁垒	深度分销是中国企业对世界营销的独特贡献。实践证明，互联网时代深度分销仍有生命力
	快消品营销与渠道管理 谭长春 著	将快消品标杆企业渠道管理的经验和方法分享出来	可口可乐、华润的一些具体的渠道管理经验，实战
	传统行业如何用网络拿订单 张 进 著	给老板看的第一本网络营销书	适合不懂网络技术的经营决策者看
	采纳方法：化解渠道冲突 朱玉童 编著	系统剖析渠道冲突，21个渠道冲突案例、情景式讲解，37篇讲义	系统、全面
	学话术 卖产品 张小虎 著	分析常见的顾客异议，将优秀的话术模块化	让普通导购员也能成为销售精英
	向高层销售：与决策者有效打交道 贺兵一 著	一套完整有效的销售策略	有工具，有方法，有案例，通俗易懂
	通路精耕操作全解：快消品20年实战精华 周 俊 陈小龙 著	通路精耕的详细全解，每一步的具体操作方法和表单全部无保留提供	康师傅二十年的经验和精华，实践证明的最有效方法，教你如何主宰通路

续表

管理者读的文史哲·生活

	书名．作者	内容/特色	读者价值
思想·文化	德鲁克管理思想解读 罗　珉　著	用独特视角和研究方法，对德鲁克的管理理论进行了深度解读与剖析	不仅是摘引和粗浅分析，还是作者多年深入研究的成果，非常可贵
	德鲁克与他的论敌们：马斯洛、戴明、彼得斯 罗　珉　著	几位大师之间的论战和思想碰撞令人受益匪浅	对大师们的观点和著作进行了大量的理论加工，去伪存真、去粗存精，同时有自己独特的体系深度
	德鲁克管理学 张远凤　著	本书以德鲁克管理思想的发展为线索，从一个侧面展示了20世纪管理学的发展历程	通俗易懂，脉络清晰
	王阳明“万物一体”论：从“身-体”的立场看（修订版） 陈立胜　著	以身体哲学分析王阳明思想中的“仁”与“乐”	进一步了解传统文化，了解王阳明的思想
	自我与世界：以问题为中心的现象学运动研究 陈立胜　著	以问题为中心，对现象学运动中的“意向性”“自我”“他人”“身体”及“世界”各核心议题之思想史背景与内在发展理路进行深入细致的分析	深入了解现象学中的几个主要问题
	作为身体哲学的中国古代哲学 张再林　著	上篇为中国古代身体哲学理论体系奠基性部分，下篇对由“上篇”所开出的中国身体哲学理论体系的进一步的阐发和拓展	了解什么是真正原生态意义上的中国哲学，把中国传统哲学与西方传统哲学加以严格区别
	中西哲学的歧异与会通 张再林　著	本书以一种现代解释学的方法，对中国传统哲学内在本质尝试一种全新的和全方位的解读	发掘出掩埋在古老传统形式下的现代特质和活的生命，在此基础上揭示中西哲学“你中有我，我中有你”之旨
	治论：中国古代管理思想 张再林　著	本书主要从儒、法墨三家阐述中国古代管理思想	看人本主义的管理理论如何不留斧痕地克服似乎无法调解的存在于人类社会行为与社会组织中的种种两难和对立
	车过麻城　再晤李贽 张再林　著	系统全面而又简明扼要地展示了李贽独到的学术眼力和超拔的理论建树	帮助读者重新认识李贽的思想
	中国古代政治制度（修订版）上：皇帝制度与中央政府 刘文瑞　著	全面论证了古代皇帝制度的形成和演变的历程	有助于读者从政治制度角度了解中国国情的历史渊源
	中国古代政治制度（修订版）下：地方体制与官僚制度 刘文瑞　著	全面论证了古代地方政府的发展演变过程	有助于读者从政治制度角度了解中国国情的历史渊源
	中国思想文化十八讲（修订版） 张茂泽　著	中国古代的宗教思想文化，如对祖先崇拜、儒家天命观、中国古代关于“神”的讨论等	宗教文化和人生信仰或信念紧密相联，在文化转型时期学习和研究中国宗教文化就有特别的现实意义
	史幼波《大学》讲记 史幼波　著	用儒释道的观点阐释大学的深刻思想	一本书读懂传统文化经典